國家古籍整理出版專項經費資助項目

中國史學基本典籍叢刊

皇宋中興兩朝聖政輯校

一

〔宋〕佚名 撰

孔學 輯校

中華書局

圖書在版編目(CIP)數據

皇宋中興兩朝聖政輯校/(宋)佚名撰;孔學輯校. —北京:中華書局,2019.5
(中國史學基本典籍叢刊)
ISBN 978-7-101-13674-6

Ⅰ.皇… Ⅱ.①佚…②孔… Ⅲ.中國歷史-史料-宋代 Ⅳ.K244.066

中國版本圖書館 CIP 數據核字(2019)第 002761 號

責任編輯:胡 珂

中國史學基本典籍叢刊
皇宋中興兩朝聖政輯校
(全五册)
〔宋〕佚 名 撰
孔 學 輯校
*
中 華 書 局 出 版 發 行
(北京市豐臺區太平橋西里 38 號 100073)
http://www.zhbc.com.cn
E-mail:zhbc@zhbc.com.cn
北京瑞古冠中印刷廠印刷
*
850×1168 毫米 1/32 · 60⅛印張 · 10 插頁 · 1163 千字
2019 年 5 月北京第 1 版 2019 年 5 月北京第 1 次印刷
印數:1-3000 册 定價:198.00 元

ISBN 978-7-101-13674-6

總目

前言……一
凡例……一
宛委別藏本皇宋中興兩朝聖政目録……一
分類事目簡目……一
中興兩朝聖政分類事目……一
卷之一
高宗皇帝一……一
卷之二
高宗皇帝二……三五
卷之三
高宗皇帝三……六七
卷之四
高宗皇帝四……一一五
卷之五
高宗皇帝五……一五一
卷之六
高宗皇帝六……一八一
卷之七
高宗皇帝七……二一七
卷之八
高宗皇帝八……二五三
卷之九
高宗皇帝九……二八一

卷之十
高宗皇帝十……三〇五
卷之十一
高宗皇帝十一……三二七
卷之十二
高宗皇帝十二……三五九
卷之十三
高宗皇帝十三……三九七
卷之十四
高宗皇帝十四……四二一
卷之十五
高宗皇帝十五……四五三
卷之十六
高宗皇帝十六……四八一
卷之十七
高宗皇帝十七……五一三
卷之十八
高宗皇帝十八……五五五
卷之十九
高宗皇帝十九……五九九
卷之二十
高宗皇帝二十……六三三
卷之二十一
高宗皇帝二十一……六六三
卷之二十二
高宗皇帝二十二……六九三
卷之二十三
高宗皇帝二十三……七二五
卷之二十四
高宗皇帝二十四……七五七
卷之二十五
高宗皇帝二十五……七九一

卷之二十六
高宗皇帝二十六……八二三
卷之二十七
高宗皇帝二十七……八六一
卷之二十八
高宗皇帝二十八……八九九
卷之二十九
高宗皇帝二十九……九二五
卷之三十
高宗皇帝三十……九五七
卷之三十一至卷之四十四原闕
卷之四十五
孝宗皇帝五……九九九
卷之四十六
孝宗皇帝六……一〇二一
卷之四十七
孝宗皇帝七……一〇四三
卷之四十八
孝宗皇帝八……一〇七三
卷之四十九
孝宗皇帝九……一〇九一
卷之五十
孝宗皇帝十……一一一一
卷之五十一
孝宗皇帝十一……一一三九
卷之五十二
孝宗皇帝十二……一一六三
卷之五十三
孝宗皇帝十三……一一八九
卷之五十四

孝宗皇帝十四……一三二一
卷之五十五
孝宗皇帝十五……一二四七
卷之五十六
孝宗皇帝十六……一二八一
卷之五十七
孝宗皇帝十七……一二九九
卷之五十八
孝宗皇帝十八……一三二三
卷之五十九
孝宗皇帝十九……一三四五
卷之六十
孝宗皇帝二十……一三七一
卷之六十一
孝宗皇帝二十一……一三九五
卷之六十二
孝宗皇帝二十二……一四一七
卷之六十三
孝宗皇帝二十三……一四四三
卷之六十四
孝宗皇帝二十四……一四六七
附録一　建炎以來繫年要録所存
中興聖政闕卷内容……一四九九
附録二　著録題跋……一五五五
附録三　參考書目……一五七一
附録四　陸游中興聖政草……一五七七
後　記……一五九一
補　記……一五九三

前言

增入名儒講義皇宋中興兩朝聖政（以下簡稱聖政）是一部記載南宋高宗、孝宗兩朝歷史的編年體史書，起建炎元年（一一二七），迄淳熙十六年（一一八九）〔一〕，共六十三年，六十四卷。其中卷三十一至卷四十紹興三十二年六月丙子，卷四十一隆興元年至卷四十五乾道二年四月闕（四月存部分），其他各卷也間有殘缺，實存四十九卷多。書中除「臣留正等曰」議論外，還增入了何俌中興龜鑑、吕中大事記講義、史官及諸臣議論，較正文低一格，這就是所謂「增入名儒講義」。書前目録後編有分類事目，大者爲門，共區分爲興復、任相、君道、治道、皇親、官職、人才、禮樂、儒學、民政、兵事、財用、伎術道釋、邊事、災祥十五門，門下再分子目，計三百二十一目，目下列條。此書流傳稀少，四庫全書未收，阮元任浙江學政時，訪得此書的宋刻本，借以影鈔，並仿照四庫體例爲本書撰寫了一篇提要，對此書作了簡明介紹。對於此書前人已作了一些研究〔二〕，今在前人的研究基礎上再對此書作進一步的梳理。

一、宋代高、孝兩朝聖政的編修及今本聖政的成書

聖政記，是宋代史書的一種，和寶訓一樣，一般爲經筵進讀之書，是專備帝王閲覽和侍讀進讀的。肇修于真宗天禧四年（一〇二〇）十一月，由樞密副使錢惟演主之，稱天禧聖政記。私撰的有石介所修的太祖、太宗、真宗三朝聖政録。聖政一般取材於時政記、起居注，内容多取歌功頌德的所謂「盛美之事」，偏重於記事。

南宋雖偏安東南，然對修史的重視則超過北宋。除補修改修北宋各類史書外，還接續修撰南宋各朝的各類史書，其中聖政記是其中之一。高宗聖政，南宋孝宗隆興元年（一一六三）三月十六日詔編類聖政所修纂，乾道二年（一一六六）閏九月二十九日己巳〔三〕，日曆所上聖政六十卷〔四〕，凡九百五條〔五〕。孝宗聖政，淳熙十六年（一一八九）二月二十九日詔修，紹熙三年（一一九二）十二月四日成書，凡六百四十一條，五十卷〔六〕。

由於高宗、孝宗是南宋的開創及奠基者，對南宋的治國施政具有很强的示範意義，所以高、孝兩朝聖政成書後成爲經筵必讀之書，不久也流傳到民間，這主要是滿足科舉考試的需要。因爲科考有策問，要求舉子們不僅要博古，而且要通今，而兩朝聖政無疑是舉子通今的絶佳教材。正是看中了這一市場需求，一些書坊對兩朝聖政進行合併增删，刊刻

牟利。陳振孫直齋書録解題卷五著録孝宗聖政二十卷，稱是「書坊鈔節」之本；又著録高宗孝宗聖政編要二十卷，認爲是「書坊鈔節以便舉子應用之儲者也。」清人阮元則以爲「據振孫所述，知此即彙合兩書而冠以『中興兩朝』之名者，所有『御製序』亦不復存，蓋亦書坊所刻，故有『增入講義』，非進御之原本也。」〔七〕阮元所説不無道理，但並不全面。今本聖政的編撰確實是「以便舉子應用之儲者」，這從以下幾點可以顯現：一、今本聖政編有分類事目，並對所編之目進行分門别類，在書中正文的天頭標注相應的條目，目的是便於檢索。二、重視歷次科考的記載，並對一些重要答策加以記録。三、重視議論，以便舉子們參考。但今本聖政與原修兩朝聖政的關係並非簡單的節鈔。據梁太濟先生研究，今本聖政實際是對原兩朝聖政的改編，從體例上看，從原書的「分門立論」變爲今本的「編年紀事」。從「論」來看，除了原兩朝聖政的議論以「臣留正等曰」的形式收録之外，又大量增入何俌中興龜鑑、吕中大事記講義、史官及諸臣議論。從「事」來看，今本聖政記事「較原本增加事條一倍有餘」。高宗朝大量增入李心傳建炎以來繫年要録（以下簡稱繫年要録）等書的内容，孝宗朝則增加了孝宗日曆等書的内容〔八〕。

二、今本聖政編者及成書時間

今本聖政的編者前人有兩説，一是四庫館臣在宋史全文提要中曾説：「高、孝二代則取諸留正之中興聖政草。今以永樂大典所載聖政草相與參校，其文大同小異。」〔九〕把其書作者歸于留正。二是阮元在本書的提要中説「此書不知編集人姓名」。四庫館臣之所以把此書署名留正，蓋見此書多徵引「臣留正等曰」的緣故。

宋代原修的高宗聖政與孝宗聖政均爲官修史書，按慣例應由監修官或提舉官署名，據南宋館閣録卷七官聯「提舉編類聖政」條：「乾道以後二人：虞允文，元年三月以參知政事權。蔣芾，二年九月以兼參知政事權。」其中虞允文乾道元年八月己丑罷參知政事，其提舉編類聖政當已同時免去，則在乾道二年九月二十九日奏進高宗聖政時，其提舉官當爲蔣芾。李心傳説：「乾道二年冬，蔣子禮（蔣芾，字子禮）爲參知政事上其書。」〔一〇〕書中如要署名，當署「臣蔣芾等曰」。另據南宋館閣續録卷七官聯，紹熙年間曾任提舉編類聖政者僅留正一人，則在紹熙三年十二月四日奏進的孝宗聖政中，其署名才是「臣留正等曰」。如果把留正没有參與編撰的高宗聖政也署名爲留正，則無此道理。宋代官修高宗聖政及孝宗聖政中的論又是如何表述呢？由於原書已經失傳，我們只好從一些類書所引聖政的隻言片語中考察這個問題。陸游曾參與高宗聖政的編撰，罷官後，根據記憶寫成中興聖政草二十條，其中的論作爲「臣等曰」被今本聖政沿用者凡五條（第一、二、三、十、十三條），稍加修改後沿用者計二條（第五、十一條）〔一一〕。山堂考索後集卷六十四財賦門紹興三年侯彭老奏寬剩錢後及卷二十七士門紹興二十六年三月壬子條所附論均爲「臣等曰」〔一二〕。永樂大典卷七五〇六建炎二年八月及宋會要輯稿帝系一一紹興十四年正月條所附聖政的論爲「史臣曰」。説明原高宗聖政的論是署以「臣等曰」或「史臣曰」的。

檢山堂考索，在其後集中附有論的孝宗聖政遺文計五條，其中卷四二兵制門教閱類所録乾道二年十一月甲子條題曰「史臣贊曰」；卷六一財用門鐵錢類所録淳熙十一年十二月己卯條、卷六四財賦門貢賦類所録隆興元年十二月癸未條、乾道九年三月乙巳條、淳熙五年四月辛未條，共四條，皆題爲「史臣曰」。此五條，除隆興元年條今本現已殘缺外，其餘四條分別與今本卷四五、五二、五六、六一題爲「臣留正等曰」的論全同。宋會要輯稿崇儒七乾道五年九月丙寅條及宋會要輯稿帝系一一紹興三十二年九月、乾道二年四月、十月、淳熙六年九月的聖政論是「臣等曰」。只有淳熙六年九月的另一條聖政論是「史臣釋之曰」。永樂大典卷七五〇六乾道六年八月、九年十一月及卷八七〇六淳熙四年十月所附論均爲「史臣曰」。説明孝宗聖政原本的論，也是署以「史臣曰」的。梁太濟先生認爲，聖政今本署以「臣留正等曰」，應是

「增入名儒講義」的書坊在「增入」的同時所爲。所説甚是。

今本聖政成書于何時，史無明文。今本聖政引有「朱文公曰」的内容〔一三〕，朱文公指的是朱熹，其謚爲「文」在寧宗嘉定二年；今本聖政把「擴」改爲「廣」，蓋避宋寧宗之諱，説明此書成書于寧宗朝之後。

今本聖政還增入了繫年要録等書的内容，而繫年要録大約于慶元三年（一一九七）開始撰寫，開禧元年（一二〇五）秋冬之交，初稿完成，嘉定元年（一二〇八），朝廷給劄上書，到嘉定三年（一二一〇），李心傳繕寫成「淨本」，嘉定五年，進呈給朝廷〔一四〕，今本聖政成書當在此後。此外，今本聖政引吕中大事記講義，該書内容包括高、孝、光、寧四朝，成書當在宋理宗朝以後。聖政卷二四引大事記云：「而南渡百年，公論獨切齒於一檜者，何也？」南渡百年，已經到宋理宗時期。大約成書于理宗淳祐年間的直齋書録解題未著録今本聖政，説明此書成書于理宗淳祐至宋朝滅亡這一段時間。

三、今本聖政資料來源

李心傳稱光堯聖政録（也包括孝宗聖政）「大凡分門立論，視寶訓而加詳焉」〔一五〕，而今本聖政則「編年紀事，體例一仿資治通鑑爲之」，改變了原本的體例。

原本高宗聖政六十卷，孝宗聖政五十卷，共一百十卷。今本六十四卷（已缺佚十四卷），比原本少四十六卷。從事目説，原本高宗聖政九百五條、孝宗聖政六百四十一條，共一千五百四十六條。今本僅以卷首「分類事目」所列大略統計，約二千八百條。而實際書中有很多條目並未列入「分類事目」，當然「分類事目」由於分類的需要，同一條目列入不同門類，造成同條異名或重複，但仍比原本多出一千餘條，如果加上未收入「分類事目」的條目，實際的數目會更多。這多出的條目當然是今本聖政編者增入的他書内容。

今本聖政的資料首先來自原本高、孝兩朝聖政，如高孝兩朝的「臣留正等曰」均引自原本的「臣等曰」或「史臣曰」。那麽其正文如何呢？有關高宗部分，可以通過相關類書所引與今本聖政比較一探其真相。

宋代四種類書引用原本聖政與今本聖政對比表　高宗部分

書名	引用原本條目	與今本同者	與今本異者	今本無者
璧水群英待問會元	九十七	三十三	二十七	三十七
輿地紀勝	五	一	四	○
群書會元截江網	三十九	十一	十六	十二
山堂考索	二十四	四	九	十一

由上表可知，四書引用高宗聖政（與今本聖政相對應部分）計一百六十五條，與今本同者四十九條，與今本異者五十六條，今本無者六十條。近百分之三十的内容與今本相同，則今本的資料一部分確實來自原高宗聖政。關於高宗部分，梁太濟先生認爲是編者在原書的基礎上用李心傳繫年要録改編而成。筆者基本贊同這種看法，上述四書中，原本與今本不同者，以繫年要録相校，大部分相同。同時筆者在校勘聖政高宗部分時，確實發現，有很多條文與繫年要録相同，或摘録、或櫽括繫年要録。但也有一些繫年要録没

有，或與之不同的條文。這説明今本聖政高宗部分還參考了其他著作，大致包括官修的高宗日曆、高宗實録、高宗會要，私人著述如熊克的中興小紀，學士院上進的皇朝中興紀事本末，李心傳建炎以來朝野雜記等。

聖政孝宗部分的資料來源也可以通過同樣的方式來考察。

宋代四種類書引用原本聖政與今本聖政對比表　孝宗部分

書名	引用原本條目	與今本同者	與今本異者	今本無者
璧水群英待問會元	五十五（另與他書重複者十三條）	三十九	十一	五
輿地紀勝	四	二	二	○
群書會元截江綱	三十五	三十一	三	一
山堂考索	二十一（另與他書重複者二條）	十二	五	四

由上表可知，四書共引用孝宗聖政一百一十五條（重複的除外），其中與今本相同者

八十四條，與今本異者二十一條，今本無者十條。由此我們大致得出如下結論，今本聖政孝宗部分的資料主要來自原孝宗聖政，其他少部分主要來自孝宗日曆，孝宗實録，孝宗會要及建炎以來朝野雜記等書。孝宗部分「臣留正等曰」講義明顯增多，編年也没有高宗朝詳細，比高宗部分更接近原書。

聖政除了「臣留正等曰」，增入之「名儒講義」，計有呂中大事記高宗朝二十五條，孝宗朝七條；何俌中興龜鑑高宗朝四十六條，孝宗朝六條；「史臣曰」高宗朝二十一條；高宗朝另有「張匯進論」二條，「史臣秦熺曰」一條，朱勝非閑居録九條，幼老春秋一條，林泉（野）記二條，「李心傳曰」四條，揮麈録一條，「趙甡之曰」一條，「喻樗曰」一條〔一六〕。其中「李心傳曰」四條實際引自繫年要録所加自注中的考辨之語，分見卷三八、卷一二二、卷一四九、卷一五四。而閑居録以及幼老春秋、「喻樗曰」、林泉（野）記、揮麈録、「趙甡之曰」實際上也引自繫年要録。至於「張匯進論」全文和「史臣秦熺曰」，皆見繫年要録正文。因此增入的講義實際只有李心傳繫年要録，呂中大事記，何俌中興龜鑑，「史臣曰」四種。

在來自宋史全文續資治通鑑（以下簡稱宋史全文）及繫年要録的佚文中，另外還有卷二十九「趙甡之曰」一條，此條出自繫年要録卷一六二紹興二十一年九月末注文。卷四十的「承明集」十一條，出自周必大文忠集卷一百五十三起居注稿；卷四十三「朱文公曰」及「朱熹封事」，均出自朱熹晦庵先生朱文公文集，分別見于卷第九十五下張忠獻公浚行狀及卷第十一壬午應詔封事。以上六種書籍作爲增入的「名儒講義」，應是今本聖政編者所爲。這六種書籍則是增入講義的資料來源。

四、今本聖政與宋史全文高孝兩朝内容的關係

宋史全文原來題名續通鑑長編，且以李燾進長編表冠於書前，暗指本書的作者是李燾，但李燾的長編僅至北宋，而宋史全文直到南宋末，實非李燾之書。宋史全文目録前有坊間原題稱：「本堂得宋鑑善本，乃名公所編，前宋已盛行，再付諸梓云云。」四庫館臣認爲：「蓋本元人所編，而坊賈刊行時，假燾名以欺世耳。」又商丘宋犖跋稱：「其爲元胡宏續通鑑長編無疑。」四庫館臣則斥爲「臆斷之語，未見其有確證也」〔一七〕。黑龍江人民出版社版宋史全文的點校者李之亮在前言中説：「原書第三十六卷内度宗、少帝及益王、廣王有目而無文。究竟是作者没有寫出這十幾年的事蹟，還是原文亡佚，今已無從考索，但有一個問題值得注意：假如是原有文而亡佚，那就可以肯定此書的作者是元代人；如果此書原來就只録到理宗之末，而度宗等目爲後來刻書者所補，那就很難説此書作者不是宋末度宗時人。」中華書局版宋史全文點校者汪聖鐸在其前言中則認爲此書「成書宋末元初」，並加注説：「大

約始撰於宋末，而完成於元初。」中華再造善本叢書的編者認爲：「是書卷末述『少帝』，提及『大元之待帝后幼君，禮意彌篤』，故作者當爲元人無疑。」〔一八〕筆者認同宋史全文成書于元代的觀點。

有關宋史全文與聖政的關係，四庫館臣認爲：「高、孝二代則取諸留正之中興聖政草（案此書就是今本聖政）。今以永樂大典所載聖政草相與參校，其文大同小異。留正等所附案語，亦援引甚多。」此後，清人編撰的藏書志大多採用這種説法。今人梁太濟則認爲宋史全文「且幾乎全部照録聖政今本，只有個别事條作過删節」〔一九〕。李之亮認爲宋史全文「高宗、孝宗兩朝史事，又主要依據留正等編的皇宋中興兩朝聖政，甚至連留正等人的評語都照録了不少」。又説：「特别是中興聖政今殘闕的第三十至四十五卷，完全可以據宋史全文補齊。」〔二〇〕汪聖鐸則認爲：「本書此時間段文字仍然是一種摘録，儘管這一部分的『摘録』明顯不同於它對長編的『摘録』。它對中興聖政文字都是整條整條地摘録，一般不對中興聖政語言作壓縮删簡。它對中興聖政的大部分正文都予以保留（它摘録的長編的文字只是長編原有文字中很少的一部分），只整條地删除了中興聖政正文中較少一部分。但它對中興聖政中大量存在的『臣留正曰』、『龜鑑曰』、『呂中曰』等議論文字則删除較多，只有少量保留。」〔二一〕上述幾種説法都肯定了宋史全文高、孝兩朝紀事來自聖政，只是對宋史全文對聖政的抄襲程度認識不同，且都是概述，並没有定量的分析，那麽實際究竟如何，我們不妨對聖政現存内容與宋史全文對應部分一一對照列表：

聖政與宋史全文内容對照表

	聖政	宋史全文	異同
卷一	第一處龜鑑的位置與宋史全文不同；第二處龜鑑脱二十五字。	删三處「臣留正曰」，删二處龜鑑。	正文同，宋史全文删講義五處，且一處位置不同。
卷二	無差異。	無差異。	無差異。
卷三	一處「臣留正曰」的位置與宋史全文不同。	删除五處「臣留正曰」。	正文同，宋史全文删五處講義且有一處位置不同，宋史全文誤。
卷四		删大事記及「臣留正等曰」各一條。	正文相同，講義删去二條。
卷五		删龜鑑一條。	正文相同，講義删去一條。
卷六	清人删二十四字。	删「臣留正等曰」二條。	正文删去二十四字，講義删去二條。

續表

	聖政	宋史全文	異同
卷七	三月脱四三三字，四月脱四三一字。	删「臣留正等曰」二條，龜鑑一條。	聖政正文脱兩處計八百六十四字，宋史全文删三條講義。
卷八	十一月脱小字注文四字。	十一月删辛未條計三十四字。	聖政正文脱四字，宋史全文正文删三十四字。講義同。
卷九	三月壬子條脱五字。	删「臣留正等曰」及龜鑑各一條。	聖政正文脱五字；宋史全文删講義二條。
卷十	三月壬子條脱三字。	删「臣留正等曰」三條。	聖政正文脱三字；宋史全文删講義三條。
卷十一	二月辛丑脱三字。	删「臣留正等曰」五條。	聖政正文脱三字；宋史全文删講義五條。
卷十二	十月甲午脱四字。	删九月庚辰條二十三字；删「臣留正等曰」四條，朱勝非閑居録一條。	聖政正文脱四字；宋史全文删二十三字，講義五條。

續表

	聖政	宋史全文	異同
卷十三	四月脱七百九十二字。	删「臣留正等曰」三條，龜鑑二條。	聖政正文脱七百九十二字，宋史全文删講義五條。
卷十四		删「臣留正等曰」八條，龜鑑一條。	正文相同，宋史全文删講義九條。
卷十五		删「臣留正等曰」二條，大事記一條。	正文相同，宋史全文删講義三條。
卷十六		删「臣留正等曰」七條，大事記一條。	正文相同，宋史全文删講義八條。
卷十七		删「臣留正等曰」二條，龜鑑一條。四月删四段：六十二、三十七、一三五及四十八字。	宋史全文删四段計二百八十二字，删講義三條。
卷十八	十二月脱四百二十八字。	删五月一段十九字，六月兩段，五十七及十五字，十一月十六字，十二月八十九字；删「史臣曰」三條。	聖政脱四百二十八字；宋史全文删五段計一百八十六字；删講義三段。

續表

	聖政	宋史全文	異同
卷十九	二月二條分別脱三字和四字。	刪正月二十五字；二月十八字；三月四段：十八、二百二十一、一百零三、四十字；四月四段：七十八、七十七、二十三、三百七十二字；五月二千四百五十字；六月三段：四十二、二百七十九、二百一十四字。刪「臣留正等曰」二條。	聖政脱七字；宋史全文刪十四段，計三千九百六十字。刪講義二段。
卷二十		刪九月三段：三十九、三十四、四十三字；十月四十七字；十一月二十字；十二月四段：四十四、九十七、一百零二、二十七字。刪大事記一段。	宋史全文刪九段計四百五十三字。刪講義一段。

續表

	聖政	宋史全文	異同
卷二十一		刪「史臣曰」二段；刪「臣留正等曰」二段。	正文相同，宋史全文刪講義四段。
卷二十二	脱四百二十八字。	刪「臣留正等曰」一段。	聖政脱四百二十八字。宋史全文刪講義一段。
卷二十三		刪六月二段：五十、四百二十四字；八月三十六字；十月三十四字。刪「臣留正等曰」三段，「史臣曰」一段。	宋史全文刪正文六段計五百七十四字，刪講義四段。
卷二十四	十二月脱二段：十八、三百六十一字。	刪十一月二段：七十三、三十四字；十二月六十八字。刪「臣留正等曰」一段，「龜鑑曰」一段。	聖政脱二段計三百七十九字。宋史全文刪正文三段計一百七十五字，刪講義二段。

續表

	聖政	宋史全文	異同
卷二十五	六月脱三字；十二月脱二百七十一字。	删二月二十五字；删三月三段：九十六、三、二十二字；删五月二段：八十、四十七字；删六月八字；删七月三段：六、二十七、五十字；删九月二段：八十四、二百零五字。删十一月二十七字。删「臣留正等曰」一段。	聖政脱二段計二百七十四字。宋史全文删正文十三段，計六百五十六字；删講義一段。
卷二十六	脱三段：二百六十四、三、四百三十九。	删正月六十四字；二月二段：六、八十一字；删三月四十三字；删四月四段：十四、六十九、四十六、四字；删五月一百一十一字；删七月一百五十三字；删八月五十六字；删九月一百四	聖政脱三段計七百零六字。宋史全文删正文十六段，計一千一百零七字；删講義五段。

續表

	聖政	宋史全文	異同
		十七字；删十月三段：四十八、八十五、十六字；删十一月一百六十四字。删「史臣曰」二段，「龜鑑曰」一段，大事記一段，朱勝非閑居録一段。	
卷二十七		删七月删二十四字；九月删七字；十月删一百字；十二月删九十三字。删「史臣曰」一段，「龜鑑曰」二段。	宋史全文删正文四段計二百二十四字，十二月末附廣西買馬事是對聖政的概括；删講義三段。
卷二十八	十一月脱四段：三十六、十四、十一、三百五十五字；十二月脱十七字。十二月有一條錯簡。	删五月八十一字；删七月二十七字；删十月六十字。删十二月三十八字。删「史臣曰」、「龜鑑曰」、「臣留正等曰」、「史臣秦熺曰」各一段。	聖政脱五段計四百三十三字。宋史全文删四段計二百零六字；八月一條位置與聖政不同；宋史全文删講義四段。

續表

	聖政	宋史全文	異同
卷二十九	十二月脱十九字。十二月脱「史臣曰」一段。	删正月一條二十七字，三月一條二十字，四月一條四二十字，閏四月一段三十一字，五月兩條一百九十字，七月一條二十九字，十一月一段三十一字。删「臣留正等曰」一段，「龜鑑曰」兩段，「大事記曰」兩段，「李心傳曰」一段，「史臣曰」一段。	聖政脱十九字，脱「史臣曰」一段。宋史全文删八段三百七十字。删講義七段。
卷三十	紹興十四年六月脱六字。紹興十四年九月及十二月有錯簡。	删紹興十四年八月一條四十五字，十一月一條四十五字，紹興十五年七月兩條六十字。删「臣留正等曰」三段，「史臣曰」一段，「龜鑑曰」一段，「大事記曰」四段，「林泉野記曰」一段。	聖政紹興十四年六月脱六字。紹興十四年九月及十二月有錯簡。宋史全文删四段一百五十字。删講義十段。

案：卷三十一至四十四原闕

	聖政	宋史全文	異同
卷四十五	從「乾道二年正月丙辰至四月丁酉孰不畏服耶」原脫一千九百三十四字，下面的講義也有脫文。字數不詳；五月脫一段，二百一十二字。	刪「臣留正等曰」七段。	聖政正文脫二千一百四十六字；宋史全文刪講義七段。
卷四十六	十一月脫三字。	八月至十一月刪一千八百二十五字。刪「臣留正等曰」五段；刪「大事記曰」一段。	聖政正文脫三字。宋史全文正文刪一千八百二十五字；刪講義六段。
卷四十七	十月至十一月脫四百二十三字。	刪「臣留正等曰」七段。刪「大事記曰」一段。	聖政脫四百二十三字。宋史全文刪講義八段。
卷四十八		五月刪十二字；閏五月刪六十字。刪「臣留正等曰」七段。	宋史全文正文刪七十二字；刪講義七段。

續表

	聖政	宋史全文	異同
卷四十九	十月脱一百六十五字；十一月脱二段：一百九十七(下仍有脱文)、一百七十五字。	删「臣留正等曰」十四段。	聖政脱三段計五百三十七字。宋史全文删講義十四段。
卷五十	二月脱二百零七字。	删「臣留正等曰」二十一段。	聖政脱二百零七字。宋史全文删講義二十一段。
卷五十一	四月脱四百四十九字。	删「臣留正等曰」十五段。	聖政脱四百四十九字。宋史全文删講義十五段。

續表

	聖政	宋史全文	異同
卷五十二	十月脱二百六十八字。	删八月三百零七字。删「臣留正等曰」十四段。	聖政脱二百六十八字。宋史全文删正文三百零七字；删講義十十四段。
卷五十三	六月脱二百三十七字。	删四月五字。删「臣留正等曰」十一段。	聖政脱二百三十七字。宋史全文删正文五字；删講義十一段。
卷五十四	二年六月至七月脱四百三十四字。	删三年五月五十字。删「龜鑑曰」一段，删「臣留正等曰」十三段。	聖政脱四百三十四字。宋史全文删正文五十字；删講義十四段。
卷五十五	二月脱六段：八、六、四、三、四、四百六十六字；三月脱三字；十二月脱四百三十六字。	删二月二段：四、五字；二月「辛巳，龔茂良、李彦穎」宋史全文作「臣僚」。删大事記一段；删「臣留正等曰」六段。	聖政脱七段計九百三十字。宋史全文删正文二段計九字；日期姓名改「臣僚」；删講義七段。

	聖政	宋史全文	異同
卷五十六		刪正月六字；刪「臣留正等曰」七段。	宋史全文刪正文六字；刪講義七段。
卷五十七		刪「臣留正等曰」五段；刪「龜鑑曰」二段。	宋史全文刪講義七段。
卷五十八		刪十二月三十一字；刪「臣留正等曰」六段；刪「龜鑑曰」一段。	宋史全文刪正文三十一字；刪講義七段。
卷五十九	六月脱四百三十三字。	刪「臣留正等曰」九段。	聖政脱四百三十三字。宋史全文刪講義九段。

續表

	聖政	宋史全文	異同
卷六十	十一月脱十一字。	刪「臣留正等曰」五段；刪大事記一段。	聖政脱十一字。宋史全文刪講義六段。
卷六十一	十月月脱二百六十二字。十一月「臣留正等曰」有部分脱文；十二月末附小字原注「原脱」。	刪「臣留正等曰」四段；淳熙十一年十二月末附小字原注「原脱」。	聖政脱二百六十二字；一段講義殘缺。宋史全文刪講義四段；十二月末有脱文。
卷六十二	四月脱三字；十二月脱四百二十三字。衍正月「臣留正等曰」一段。	刪「臣留正等曰」四段。	聖政脱正文二段計四百二十六字；衍講義一段。宋史全文刪講義四段。
卷六十三	八月至十一月脱一千七百六十四字；十二月附「原缺」，當指下卷。	刪「臣留正等曰」六段。	聖政脱正文一千七百六十四字；十二月附「原缺」，當指下卷。宋史全文刪講義六段。

續表

	聖政	宋史全文	異同
卷六十四	正月脱三百八十九字；五月脱七段：四、三、五、三、三、五、三；六月脱五段：三、六、六、三、三；九月脱三字；十月脱八段：三、八、三、四、七、十五、九、三字；十一月脱四段：三、七、四、三字。十月甲辰至十六年末脱一千七百八十字。	删「臣留正等曰」四段；删「龜鑑曰」一段。	聖政脱正文二十七段計二千二百八十八字。五月「龜鑑曰」有脱文。宋史全文删講義五段。

由前表可知，今本聖政高宗部分現存卷一至卷三十（建炎元年至紹興十五年）除去聖政殘缺外，宋史全文删聖政正文一百零四處，計八千九百二十字。其中九十處是整條删除，十四處是删除某條中的一些文字，大多是一些官員的繫銜。删講義一百零七段（「臣留正等曰」六十二段，龜鑑十七段，大事記十一段，「史臣曰」十二段，朱勝非秀水閑居録二

段，「史臣秦熺曰」一段，「李心傳曰」一段，林泉野記一段），均爲整段删除。在順序上，正文卷二十八紹興十二年八月有一條與聖政的順序不同。講義方面卷一有一段龜鑑和一段「臣留正等曰」與聖政不同，經筆者考證，聖政順序正確，這應該是宋史全文編者失誤。未發現宋史全文對聖政文字進行概述或潤色的現象。因此，宋史全文高宗正文部分主要是抄襲聖政原文，整條删除少數條文，極少的删除一些條文中的繁文，而對講義删除較多。

聖政孝宗部分，闕隆興元年至乾道二年四月（四月存部分），其他各卷間有殘缺。現存聖政孝宗部分與宋史全文相應部分對勘，宋史全文删聖政正文七段七百九十二字（聖政卷六十一淳熙十一年十二月末附小字原注「原脱」，宋史全文亦不見相應文字），删講義一百七十九段（「臣留正等曰」一百七十段，龜鑑五段，大事記四段），與高宗部分相比，正文删除的少，講義删除的多。蓋由於孝宗部分採用原孝宗聖政多，講義亦多。

實際上，宋史全文不僅在高、孝兩朝基本抄襲聖政，且其體例也是倣自聖政，元刊本及文海本宋史全文續資治通鑑天頭上也標有事目，相應部分雖没有聖政多，但所擁有的事目大多也抄自聖政，即是明證。

五、本書的特點、價值與不足

今本聖政是一部記載高、孝兩朝史事的編年體史書，編纂的目的當是爲舉子們科考提供參考資料，其書實際上是在宋官修高、孝兩朝聖政基礎上，重修改編，加入了繫年要録及宋代官修的其他史書内容。

今本聖政具有一些独特的價值。首先，與其他留存的相關史書相比，今本聖政對編年體有所改進，那就是在卷首設分類事目，事目下面列紀年，並在相應正文天頭上標注，便于讀者檢索。實際上這個分類事目也是全書的大綱，通過它可以瞭解高、孝兩朝都發生了哪些大事。由於這個分類事目保存完整，而其他内容有散佚，此目與書前總目録就爲輯佚提供了很好的指引。其次，今本聖政雖然是對原兩朝聖政的改編，但仍對瞭解宋代聖政體書籍有一定參考價值，如我們可以瞭解兩朝聖政的部分内容，原本每條應該有繫年。李心傳謂光堯聖政録「大凡分門立論，視寶訓而加詳焉」〔二二〕，原書的分門對今本聖政應該有借鑑意義。而兩朝聖政原書的評論，大多被今本聖政直接採用，其中「臣留正等曰」及部分「史臣曰」就是原書的評論。再次，可以補他書之闕，證他書之誤。南宋高宗朝的史料保存最豐富和系統的當推李心傳的繫年要録，通過與相關類書比較，知今本聖政有很多地方參考了繫年要録，但也有衆多條文繫年要録未見收録，所以，今本聖政對研究高宗朝歷史仍有參考價值。孝宗部分保留了大部分原聖政的内容，宋史全文基本抄襲本書，佚名（一説陳均）中興兩朝編年綱目及劉時舉續宋中興編年資治通鑑雖然均有孝宗朝的内容，但由於是「綱目體」，内容較爲簡略，其價值也無法與今本聖政相比。

今本聖政無論是保留的原本「臣留正等曰」及部分「史臣曰」，還是增入的中興龜鑑、大事記講義等講義，雖然不乏一些諛美之辭，迂腐之論，但也有大量的切中時弊、有理有據、發人深省之言，對我們深入探討這段歷史不無裨益。其中「臣留正等曰」、「史臣曰」及中興龜鑑的很多内容僅見此書。

今本聖政也存在一些不足，首先，分類事目及在正文天頭標注，雖然是對古書的一種改進，但做的不太完善：其一，書前的事目與正文相應天頭的標目有很多不一致。其二，有一些重複及名異實同的事目，如「再竄吉陽軍（同「竄趙鼎海外」）紹興十四」、「詔行實惠隆興元（重複）」等。重複是因同一條可以列入不同的門類造成，名異實同的一些條目也是如此。其三，書中一些記事天頭没有標目。其四，存在書中正文天頭有標目，而分類事目中未列入的情況。其五，書前的分類事目中的個別條目，在書中找不到。這裏面不排除一些正文散佚造成，但也不排除原編者的失誤。

六、本書的流傳及輯校

本書在宋代曾經刊刻，近人傅增湘藏園群書經眼録卷三曾著録原劉承幹嘉業堂所藏「宋刊巾箱本」；又著録盧址抱經樓所藏「明影寫宋刊本」。此書後世未見有刻本。蓋隨着宋朝的覆亡，本書失去了作爲科舉參考書的價值，流傳逐漸稀少。但此書並没有失傳，明初楊士奇所編文淵閣書目卷二著録「中興聖政一部二十一册」，明初所修永樂大典也收入此書，而且把此書的講義摻入繫年要録。清朝乾隆年間編纂四庫全書時，未收入此書，後阮元訪得此書，將其編入宛委别藏叢書之中，此書才得以廣爲流傳。據阮元説他編入叢書的本子是「借宋刻本影鈔」。傅增湘所説的兩種本子現藏于臺北「國家」圖書館。傅先生對這兩種本子作了詳細的介紹：

增入名儒講義皇宋中興兩朝聖政六十四卷缺卷二十一至四十四，共缺二十四卷。

宋刊巾箱本，板匡高約三寸半，闊約二寸四五，半葉十一行，行二十字，黑口，左右雙闌。闌外標帝名及年號，眉間有提要語，諸儒議論低一格，人名書名皆陰文。卷前分類事目十行，門類三字大字占雙行。（南潯劉氏嘉業堂藏書，乙卯歲觀。）

增入名儒講義皇宋中興兩朝聖政六十四卷

明影寫宋刊本，棉紙藍格，九行二十字。（四明盧址氏抱經樓藏書，癸丑歲見。）

明影寫宋刊本今存一至三十卷，與宛委別藏本相較，多出卷二十九及三十兩卷。

從傅先生的描述，我們可以考察阮元影鈔本與這兩種本子的關係。阮元影鈔本聖政與「宋刊巾箱本」比較，除板框尺寸不一致，人名書名皆陰文不符外，其他則全部一致。蓋由於「宋刊巾箱本」爲便於攜帶閱讀，尺寸較小，阮元影鈔的則是正常本，所以尺寸較大。「宋刊巾箱本」爲刊本，阮元是影鈔，所以顯示不出陰文。而「明影寫宋刊本」是九行二十字，阮元影鈔本則是半葉十一行，行二十字，差別較大。

阮元把「宋刻影鈔本」聖政編入宛委別藏叢書，成爲此書的通行本，上海商務印書館影印本，臺灣文海出版社影印本及北京圖書館出版社影印本，都據此本，功莫大焉。阮元懾於當時的文字獄，對清廷認爲的違礙之辭句，如「虜」、「醜虜」、「夷狄」、「腥羶」、「醜類」等，一律刪改，與四庫全書對古書的刪改相比，有過之而無不及。筆者發現書中有一些脱文，就是阮元將原文刪去，而没有補上相應的文字。另外，爲避康熙帝玄燁之諱，「燁」省筆畫；避乾隆帝弘曆之諱，改「曆」爲「歷」；避嘉慶帝顒琰之諱，改「顒」爲「容」等。對其改刪，在有依據的情況下，一律回改、補完。

由於宋史全文是在今本聖政基礎上略加刪減而成，大致可看作聖政之別本，所以用之參校。宋史全文比較常見的有文淵閣四庫全書本，此本優點是字跡清晰，脱文較少，不足是經過四庫館臣的改動。二是北京圖書館出版社中華再造善本叢書影印的元刊本，缺點是脱文漫滅之處多。三是臺灣文海出版社的本子，此本未注明版本，但從書的内容上看應該是清朝以前的本子，優點是内容齊全，缺點是有些地方漫滅不清。這次參校宋史全文是三本並用，取長補短。

宛委别藏本聖政最大的不足是脱文嚴重，有整卷的、有某一段落的、也有一些字詞的脱文。這些脱文在書中以三種形式出現：一是標明「原闕」，二是以方格或空白的形式，三是無任何標記，只能通過上下文來判斷。由於宋史全文可以看做本書的别本，所以輯佚則以此書爲主。前述聖政的編者使用繫年要録改編原本高宗聖政，所以有關高宗部分的輯佚也參考繫年要録。

具體的輯佚操作，由於本書的目録及分類事目保存完整，目録中闕失的某卷起訖時間明確，所以對現存聖政殘缺部分，以宋史全文的内容補齊。卷三十一至四十四原文全缺，從校勘學理及避免重複勞動等角度考慮，闕卷一仍其舊。讀者如欲瞭解闕卷内容，可參考中華書局近年新出宋史全文整理本。

繫年要録卷二〇〇中紹興三十二年六月丁丑至年終，乃鈔録聖政内容。四庫館臣在紹興三十二年六月丁丑條下加按語云：「案『丁丑』以下，原本採取中興聖政附入，以終紹興三十二年之事，今仍其舊。」廣雅本繫年要録在紹興三十二年六月丁丑條前補「中興聖政草」一行，鈔録四庫館臣按語，並認爲「蓋修永樂大典時所附。」繫年要録卷二〇〇所鈔録的聖政，據今本聖政目録應是卷四十的内容。此外，繫年要録還保存了很多今本聖政的講義，大多以「中興聖政」開頭。其中紹興十六年至紹興三十一年記事中的一些講義，可以判斷鈔自今本聖政所闕卷三十一至卷三十九。以上内容皆自繫年要録輯出，以附録形式附於書後。

注釋

〔一〕案原書目録脱淳熙十六年，考孝宗於淳熙十六年纔禪位於光宗，且下文分類事目有淳熙十六年之事目，據補。

〔二〕梁太濟在中國學術第三輯（二〇〇〇年）發表聖政今本非原本之舊詳辨一文，從體例、論、事三個方面論證了今本聖政非原本高宗聖政和孝宗聖政的合編。王德毅爲北京圖書館出版社影印皇宋中興兩朝聖政（二〇〇七年）作了前言，概述了南宋史學的發展及宋代聖政的編修及特點，並全面介紹了中興聖政體例、内容和價值。

〔三〕案宋史孝宗紀繫於本年九月己巳。考陳垣二十史朔閏表，無閏九月。閏爲衍文。

〔四〕案本書卷數，咸淳臨安志卷七高宗聖政序、宋史藝文志二與此同，然陳振孫直齋書録解題卷五高宗孝宗聖政編要作五十卷，李心傳建炎以來朝野雜記甲集卷四兩朝聖政録作三十卷。

〔五〕王應麟玉海卷四九乾道光堯聖政。

〔六〕王應麟玉海卷四九紹熙孝宗聖政。

〔七〕阮元揅經室外集卷二中興兩朝聖政六十四卷提要，中華書局點校本，一九九三年，頁一二二一。

〔八〕梁太濟聖政今本非原本之舊詳辨載中國學術第三輯，商務印書館，二〇〇〇年。

〔九〕今殘存永樂大典保存有二種中興聖政草，一是陸游撰，一是留正撰，建炎以來繫年要録提要曾提到此書「至於本注之外載有留正中興聖政草、吕中大事記講義、何俌中興龜鑑諸書，似爲修永樂大典者所附入」。取其所引與今本聖政比較，就是今本聖政。

〔一〇〕李心傳建炎以來朝野雜記甲集卷四兩朝聖政録。

〔一一〕解縉永樂大典卷一二九二九。

〔一二〕見繫年要録卷一五一紹興十四年三月己巳條所引。

〔一三〕見聖政卷四三。

〔一四〕孔學建炎以來繫年要録著述時間考，載河南大學學報一九九六年第一期。

〔一五〕李心傳建炎以來朝野雜記甲集卷四兩朝聖政録。

〔一六〕案孝宗朝有「張栻劄子曰」一條，此段文字原作講義文字，但據本書書前分類事目及宋史全文卷二二五當爲正文。

〔一七〕文淵閣四庫全書本宋史全文書前提要。

〔一八〕中華再造善本總目提要（金元編）頁九八七。

〔一九〕梁太濟聖政今本非原本之舊詳辨。

〔二〇〕李之亮宋史全文點校前言，黑龍江人民出版社二〇〇五年版。

〔二一〕汪聖鐸重新整理宋史全文的緣起，載宋史全文點校本，中華書局二〇一六年版。

〔二二〕李心傳建炎以來朝野雜記甲集卷四兩朝聖政録。

凡例

一、以宛委別藏本爲底本進行校勘，以南宋建刊巾箱本（簡稱宋刊本）、藍格舊鈔明影寫宋刊本（簡稱明抄本）對校。宛委別藏本所闕卷二十九、三十，以明抄本配補。

二、以宋史全文、建炎以來繫年要録、中興小紀、皇朝中興紀事本末、中興兩朝編年綱目、宋史、宋會要輯稿、續宋中興編年資治通鑑及相關宋人文集等作爲參校文獻。

三、輯佚主要以宋史全文爲主，參考建炎以來繫年要録、中興小紀、皇朝中興紀事本末、中興兩朝編年綱目、續宋中興編年資治通鑑等。

四、對宋人的避諱，如避「敬」改爲「欽」、「禎」改爲「珍」、「桓」改爲「威」、「慎」改爲「謹」、「擴」改爲「廣」之類，一般不予改動，僅出校記説明。對後世的避諱則全部回改。

五、對宛委別藏本站在清朝立場上對原文所謂違礙字詞如對「胡」、「虜」、「腥膻」、「夷狄」的改動，予以回改，並出校記。

六、對同一條出現的相同錯誤，只在第一次出現時，出校勘記，並注明「下同」。

七、脱文出校並標明起訖、字數，輯自何書。整卷脱文僅在原目注明「原闕」并宋史全文對應記事卷數。

八、分類事目的標目與書中天頭不盡一致，一般以分類事目爲準，分類事目有錯誤的除外。凡分類事目中某條上標有㊊字的，表明正文中找不到。分類事目没有而正文天頭標注的條目，則作補遺，附於分類事目之後。對於名異實同者或重複者的條目，單獨列出，作爲附二，附於分類事目之後。

九、分類事目部分以宋刊本爲底本，爲節省篇幅，以（　）表示删去，以〔　〕表示改正或增補。

宛委別藏本皇宋中興兩朝聖政目録

第一卷

高宗皇帝

建炎元年即靖康二年也，起潛龍，盡六月。

第二卷

高宗皇帝

建炎元年起七月，盡十二月。

第三卷

高宗皇帝

建炎二年

第四卷

高宗皇帝

建炎三年起正月，盡三月。

第五卷

高宗皇帝

建炎三年起四月，盡八月。

第六卷

高宗皇帝

建炎三年起閏八月，盡十二月。

第七卷

高宗皇帝

建炎四年起正月，盡六月。

第八卷

高宗皇帝

建炎四年起七月，盡十二月。

第九卷
高宗皇帝
紹興元年起正月，盡六月。
第十卷
高宗皇帝
紹興元年起七月，盡十二月。
第十一卷
高宗皇帝
紹興二年起正月，盡六月。
第十二卷
高宗皇帝
紹興二年起七月，盡十二月。
第十三卷
高宗皇帝
紹興三年起正月，盡五月。
第十四卷
高宗皇帝
紹興三年起六月，盡十二月。
第十五卷
高宗皇帝
紹興四年起正月，盡八月。
第十六卷
高宗皇帝
紹興四年起九月，盡十二月。
第十七卷
高宗皇帝
紹興五年起正月，盡四月。
第十八卷
高宗皇帝
紹興五年起五月，盡十二月。

第十九卷
高宗皇帝
紹興六年起正月，盡六月。
第二十卷
高宗皇帝
紹興六年起七月〔一〕，盡十二月。
第二十一卷
高宗皇帝
紹興七年起正月，盡七月。
第二十二卷
高宗皇帝
紹興七年起八月，盡十二月。
第二十三卷
高宗皇帝
紹興八年起正月，盡十月。
第二十四卷
高宗皇帝
紹興八年起十一月，盡十二月。
第二十五卷
高宗皇帝
紹興九年
第二十六卷
高宗皇帝
紹興十年
第二十七卷
高宗皇帝
紹興十一年
第二十八卷
高宗皇帝
紹興十二年

第二十九卷
高宗皇帝
紹興十三年
第三十卷
高宗皇帝
紹興十四年　紹興十五年
第三十一卷原闕〔二〕
高宗皇帝
紹興十六年　紹興十七年
紹興十八年
第三十二卷原闕〔三〕
高宗皇帝
紹興十九年　紹興二十年
紹興二十一年
第三十三卷原闕〔四〕
高宗皇帝
紹興二十二年　紹興二十三年
紹興二十四年
第三十四卷原闕〔五〕
高宗皇帝
紹興二十五年
第三十五卷原闕〔六〕
高宗皇帝
紹興二十六年
第三十六卷原闕〔七〕
高宗皇帝
紹興二十七年　紹興二十八年
第三十七卷原闕〔八〕
高宗皇帝
紹興二十九年　紹興三十年

第三十八卷原闕〔九〕
高宗皇帝
紹興三十一年起正月，盡九月。
第三十九卷原闕〔一〇〕
高宗皇帝
紹興三十一年起十月，盡十二月。
第四十卷原闕〔一一〕
高宗皇帝
紹興三十二年
第四十一卷原闕〔一二〕
孝宗皇帝
隆興元年起正月，盡五月。
第四十二卷原闕〔一三〕
孝宗皇帝
隆興元年起六月，盡十二月。
第四十三卷原闕〔一四〕
孝宗皇帝
隆興二年
第四十四卷原闕〔一五〕
孝宗皇帝
乾道元年
第四十五卷原闕〔一六〕
孝宗皇帝
乾道二年
第四十六卷
孝宗皇帝
乾道三年
第四十七卷
孝宗皇帝
乾道四年　乾道五年

第四十八卷
孝宗皇帝
乾道六年起正月，盡閏五月。
第四十九卷
孝宗皇帝
乾道六年起六月，盡十二月。
第五十卷
孝宗皇帝
乾道七年
第五十一卷
孝宗皇帝
乾道八年
第五十二卷
孝宗皇帝
乾道九年
第五十三卷
孝宗皇帝
淳熙元年
第五十四卷
孝宗皇帝
淳熙二年　淳熙三年
第五十五卷
孝宗皇帝
淳熙四年
第五十六卷
孝宗皇帝
淳熙五年
第五十七卷
孝宗皇帝
淳熙六年

第五十八卷
孝宗皇帝
淳熙七年
第五十九卷
孝宗皇帝
淳熙八年　淳熙九年
第六十卷
孝宗皇帝
淳熙十年
第六十一卷
孝宗皇帝
淳熙十一年
第六十二卷
孝宗皇帝
淳熙十二年
第六十三卷
孝宗皇帝
淳熙十三年　淳熙十四年
第六十四卷
孝宗皇帝
淳熙十五年
淳熙十六年〔一七〕

校勘記

〔一〕起七月　「七」原作「八」，據前後文意及本書相應卷數記載改。

〔二〕原闕案本卷記事見宋史全文卷二一。

〔三〕原闕案本卷記事紹興十九年至二十年見宋史全文卷二一，二十一年見宋史全文卷二二。

〔四〕原闕案本卷記事見宋史全文卷二二。

〔五〕原闕案本卷記事見宋史全文卷二二。

〔六〕原闕案本卷記事見宋史全文卷二二。

〔七〕原闕案本卷記事見宋史全文卷二二。

〔八〕原闕案本卷記事紹興二十九見宋史全文卷二二，三十年見宋史全文卷二三。

〔九〕原闕案本卷記事見宋史全文卷二三。

〔一〇〕原闕案本卷記事見宋史全文卷二三。

〔一一〕原闕案本卷記事紹興三十二年正月至六月丙子條見宋史全文卷二三。六月丁丑條以下至十二月底記事，見書後附錄。

〔一二〕原闕案本卷記事見宋史全文卷二四。

〔一三〕原闕案本卷記事見宋史全文卷二四。

〔一四〕原闕案本卷記事見宋史全文卷二四。

〔一五〕原闕案本卷記事見宋史全文卷二四。

〔一六〕原闕　案闕乾道二年春正月丙辰至四月丁酉條部分。

〔一七〕淳熙十五年淳熙十六年　原作「淳熙十四年淳熙十五年」，案卷六十四無淳熙十四年事，且孝宗於淳熙十六年纔禪位於光宗，下文分類事目有淳熙十六年之事目，據改。

分類事目簡目

興復門
符命……一
潛龍登極附……一
天眷……一
寶璽……二
巡幸……二
親征……三
定都……三
形勢……五
恢復……六
經理川陜……九
僭僞……一五
遜位……一六
任相門
李綱……一六
汪黄……一八
朱勝非……一九
吕頤浩……二〇
范宗尹……二二
趙鼎……二二
張浚……二三
秦檜……二五

秦檜後輔相……三九
孝廟輔相張浚已見前……三九
君道門……四一
仁德……四二
孝德……四二
勤德……四三
儉德……四四
明德……四五
容德……四六
聖學……四六
聖製……四八
聖翰……四八
尊號……四九
君道……五〇
君心……五一
攬權……五一
敬天……五二
格天……五三
稽古……五三
鑑誡……五三
儆戒……五四
求言……五四
通下情……五六
聽納……五六
求才……五七
用人……五八
親擢……五九
敬大臣……五九
錫予……五九
錫宴……五九

遊幸……六〇
田獵……六〇
治道門……六〇
治道……六〇
政事……六一
治體……六一
風致……六二
詔令……六二
内旨……六三
紀綱……六三
制度……六三
家法……六三
法令……六四
賞罰……六六
刑獄……六六
詔獄……六九
赦宥……六九
皇親門……六九
儲嗣……六九
訓儲……七一
皇子……七二
親王……七二
宗室……七二
公主……七三
皇太后……七三
皇后……七三
外戚……七四
譜系玉牒附……七五
官職門……七五
官制……七五

俸給……七七
職田……七七
銓選……七七
考課……七八
薦舉……七八
任子……八二
録後……八二
久任……八三
均内外任……八三
清流品……八四
惜名器……八四
抑僥倖……八四
褒贈……八五
宰相宰執附……八六
執政……八七
三省……八七
密院……八八
六部……八八
臺諫……八九
給舍……九二
兩制……九二
書殿……九三
閣職……九三
館職……九三
記注……九四
史官……九四
講官……九四
學官……九五
寺監……九五
院轄……九五

東宮官……九六
王宮官……九六
奉使……九六
國信使……九七
藩鎮……九七
開封尹……九七
京尹……九八
留守……九八
帥臣……九九
監司……一〇〇
總領……一〇二
監司郡守……一〇二
郡守……一〇三
州官……一〇四
縣令……一〇四
縣官……一〇六
兵官……一〇六
添差……一〇六
攝官……一〇七
吏職……一〇七
宦寺……一〇八
祠禄……一〇九
人才門……一一〇
人材……一一〇
作成人才……一一〇
文武才……一一〇
風土人才……一一二
忠義……一一二
名節……一一三
死節……一一三

剛直……一一四
公正……一一五
誠信……一一五
精明……一一五
恬退……一一六
先見……一一六
清介……一一六
廉潔……一一六
旌廉吏……一一七
隱逸……一一七
士風……一一七
奸邪……一一八
佞諛……一一九
恩倖……一一九
奔競……一一九
貪汙……一一九
治贓吏……一一九
失節……一二一
叛臣……一二一
君子小人……一二二
朋黨……一二二
獻議……一二三
言事……一二三
禮樂門……一二四
禮儀……一二四
制禮……一二五
禮書……一二五
作樂……一二五
郊祀……一二五
明堂……一二六

宗廟……………………………………一二六
祀典……………………………………一二七
功臣配享………………………………一二八
大臣侍祠………………………………一二八
儒學門…………………………………一二八
崇儒……………………………………一二八
學校……………………………………一二九
幸學……………………………………一三〇
州縣學…………………………………一三〇
書院……………………………………一三〇
藏書……………………………………一三〇
獻書……………………………………一三一
進書……………………………………一三一
修書……………………………………一三一
經説……………………………………一三三
歷代史…………………………………一三三
國史……………………………………一三三
科舉……………………………………一三五
科名……………………………………一三七
科目……………………………………一三八
武舉……………………………………一三九
幼科……………………………………一三九
舉業……………………………………一四〇
賜出身…………………………………一四一
學術……………………………………一四一
道學……………………………………一四一
文章……………………………………一四四
文弊……………………………………一四四
撰述……………………………………一四四
民政門…………………………………一四五

恤民……一四五
重農……一四七
勸農……一四八
田制……一四八
水利……一四九
經界……一五〇
風俗……一五〇
蠲放……一五一
賑濟……一五三
舉子……一五四
兵事門……一五五
兵制……一五五
禁衛……一五五
諸路兵……一五六
東南兵……一五六
民兵……一五六
兵法……一五七
軍賞……一五七
軍政……一五八
兵費……一五九
兵食……一六〇
軍須……一六〇
恤軍……一六〇
選兵……一六一
招兵……一六一
汰兵……一六一
訓兵……一六一
用兵……一六三
軍器……一六三
馬政……一六三

舟師……一六五
戰車……一六五
屯營田……一六六
督府……一六八
將帥……一六八
世將……一七〇
韓世忠……一七〇
張俊……一七一
劉光世……一七二
岳飛……一七三
劉錡……一七四
吴玠吴璘……一七四
李世輔……一七五
寵將……一七六
馭將……一七六

財用門

財用……一七七
節用……一七九
府庫……一八〇
内帑……一八〇
倉廩……一八一
場務……一八一
市舶……一八二
漕運……一八二
河渠……一八三
茶鹽……一八三
茶法……一八三
鹽法……一八四
榷酤……一八六
鬻爵……一八七

鬻牒師號附……一八七
鬻田……一八八
坑冶……一八八
錢幣……一九〇
錢引錢鈔……一九〇
楮幣……一九一
和糴……一九二
和預買……一九三
税賦……一九三
經總制……一九三
科斂……一九四
預借……一九五
月樁……一九五
免行……一九六
上供……一九六
貢獻……一九七
綱運……一九七
商税……一九八
獻助互見鬻爵類……一九八
羨餘……一九九
伎術道釋門……一九九
天文……一九九
曆象……二〇〇
曆官……二〇〇
醫方……二〇一
醫官……二〇一
命術……二〇一
釋老……二〇一
神仙……二〇一
邊事門……二〇二

邊議……二〇二
攻守……二〇三
征戰……二〇五
和戰……二〇八
和議……二〇八
不附和議……二一四
武備……二一七
自治……二一七
間諜……二一七
降附……二一七
金人本末……二一八
西夏……二二三
韃靼……二二三
遠夷……二二三
盜賊叛將附……二二三
苗劉之變……二二七
災祥門……二三〇
祥瑞……二三〇
災異……二三三
天變……二三三
水災……二三四
火災……二三四
旱蝗……二三五

中興兩朝聖政分類事目

興復門

符命

紅光照室高宗建炎元

夢賜御袍

金甲神衛上

孝宗生赤光滿室

中興自有天命（紹興）十一

普安並日之符（十二）

潛龍登極附

進封康王高宗建炎元

爲兵馬大元帥

張邦昌勸進

元祐皇后降手書

康王即位于南京

不録胡唐老功（紹興元）

天眷

月犯昴高宗紹興四

修人事以應天

寶璽

初鑄御寶高宗建炎二
刻中興寶紹興元

巡幸

詔諸路備巡幸高宗建炎元
詔諸州備巡幸
自南京幸維揚
南渡議幸錢塘
上至杭州〔三〕
詔幸江寧府
張浚請西幸
上至江寧府
改江寧爲建康
入建康府行宮
上幸浙西
上至臨安府
張浚請幸興元府
隆祐太后幸江西
從吕頤浩航海議
幸定海御樓船
御舟至温州駐蹕四
上御舟還浙西
議幸蜀復罷
上駐蹕越州
無復進上流意
自越州幸臨安紹興二
上至平江府六
上次建康府七

親征

從世忠親征之請高宗建炎四
趙鼎贊上親征紹興四
親征出於聖斷
臺諫乞扈從
上欲渡江決戰
三大將移軍
張浚視軍江上
虜見張浚書押色動
上還臨安五
議幸平江六
上親征却敵
馮時行請幸建康卅一
詔親征
上至建康府卅二
詔親征勞師孝宗隆興元
詔擇日親征二

定都

張所請還京高宗建炎元
喻汝礪論遷都
宗澤再疏請還京
詔幸東南
李綱請幸南陽
宗澤諫巡幸請回鑾
衛膚敏等請幸金陵
宗澤諫巡幸請還京
詔暫駐蹕淮甸
宗澤論汪黃請還京

宗澤請還京二
宗澤復請還京
從宗澤請詔還京
宗澤遺表請還京
胡寅乞置行臺
趙鼎請以公安爲行闕
詔移蹕臨安紹興元
罷修建康大内
奉太廟神主至臨安五
移安撫司於臨安
王庶乞都荆襄六
趙鼎等議回臨安
詔駐蹕建康七
李綱以諫回蹕罷
張守諫回蹕求出八

宗澤再疏乞還京
宗澤修龍德宮請還京
宗澤力請還京
升杭州爲臨安府三
金人陷京師四
集議駐蹕事宜
修臨安府城二
迎奉祖宗神御三
臨安權修太廟
温州神主至行在
張浚請幸建康
張浚再請幸建康
築太廟于建康
奉神主還浙西
上還臨安府

建景靈宮十三
修築圜丘
溫州神御至臨安
作太廟祏室十六
建太一宮十七　明年幸
名行宮南北門十八
新建龍圖等六閣廿四
定回鑾議卅二
修建康備巡幸
上至臨安府

形勢

宗澤言三路利害高宗建炎元
分江州建康府路三
胡寅乞定根本
四京皆陷四
復江東西路紹興元
分湖東西路
復〔荆〕湖南北路二
問方今形勢六
王庶經理荆南
取天下須論形勢七
論荆南形勢
上論險阻不足恃
論江南形勢可恃十二
荆南江州創軍三十
虞允文論荆襄孝宗隆興元
命守備夷陵二
淮南復分東西淳熙元
淮襄等依舊分路二

恢復

皇叔士珸復洺州 高宗建炎元
王彥復新興縣
李彥仙復陝州
宗澤以趙世興取滑州
宗澤奏暑月起師
翟興復西京 三
志在一統 紹興元
李橫敗劉豫復汝州
韓世忠宣撫淮東
命岳飛收復襄陽 四
諭朱勝非圖恢復
岳飛復隨州
仇（畬）〔悆〕復安豐縣
恢復先求人才 五

詔經理中原
翟進復入西京 二
信王榛起義兵
信王榛爲都元帥
程昌寓經理蔡州
胡寅乞大起兵
命輔臣議出兵 二
李橫傳檄收京 三
王彥復金州
岳飛復郢州
岳飛復襄陽唐州
岳飛復鄧州
復南壽春府
乘時大作規模

酈瓊復光州
獎諭張浚之功
合兵爲北討計
李綱論恢復十事
張浚軍聲大振
下申儆詔
岳飛克盧氏縣
黄源言中興六事
淮甸不可不葺理
范如圭乞差官朝陵
擇人守新疆
士㒟等自朝陵還
張燾乞圖中興
王〔佐〕〔德〕復宿州
張憲復淮寧府
韓世忠經理淮甸
華旺復光州
國威大振六
張浚命築盱眙城
劉光世克壽春府
師維藩中興十策
李綱論中興七
張燾論定規模八
虜許歸河南地九
士㒟張燾朝陵
石澗水之祥
張燾言不可忘此賊
鄭建〔充〕等復醴州十
張憲等復潁昌府
郝晸等克鄭州

王勝克海州
虜欲棄燕以南
諸州既得復失
復汝州永安軍
邵隆復商州十一
復奪昭關
上論恢復皆虛辭
魏勝復海州卅一
趙樽攻蔡州
趙樽下(興平)〔平興〕縣
任天錫取朱陽縣
李貴等取順昌府
(缺)邢進復華州
訾朝等復鄧州
杜隱等入河南府
張(浚)〔俊〕克亳州
王師自失機會
張應等入西京
虜復入西京
關師古等復巢縣
虜退便措置淮南
邵隆復陝州
夏俊復泗州
任天錫等復商州
趙樽入蔡州
戚方復蔣州
武鉅復盧氏縣
上議恢復
王選等復楚州
劉銳等入泗州

復光化信陽軍卅二
虜復取蔡州
虜欲割河南不果
三招討結局
復靈璧虹縣宿州
上論待機會二
詔諭歸正軍民
劉珙言恢復未易
恢復當圖萬全六
期於雪恥八
龔茂良論恢復

惠逢復積石軍
復十州僅存其四
御營宿衛司結局
王十朋論恢復孝宗隆興元
虞允文制置京湖
詔舉義兵
愧功業不如唐太宗乾道三
張栻論恢復事五
劉珙論恢復七
論士夫諱言恢復淳熙四
不忘恢復六

經理川陝

用王庶曲端高宗建炎二
張浚宣撫川陝三
張浚赴川陝許便宜

王庶曲端結怨
張浚西行議格
張浚用曲端

趙開理四川財賦
張浚自秦州入衛四
張浚至房州而還
張浚起復王庶
張浚違衆議起兵
張浚斬趙哲
吳玠屯和尚原軍復振
張浚竄曲端紹興元
張浚求罷不許
盡失陝西地
吳玠敗虜和尚原是年又捷
不以浮言易張浚
王似爲宣撫副使
張浚奏貶王庶
吳玠黃柑款敵三
張浚用吳玠吳璘
吳玠治兵秦鳳
張浚措置有條
張浚取永興軍
張浚敗績于富平
張浚退軍興州
鳳翔民輸芻粟
王庶曲端不相容
張浚以王庶帥利夔
張浚殺曲端
復秦州
敗虜于方山原二
張浚謗議起
張浚罷宣撫
虜陷饒風關

吴玠守仙人關
頤浩勝非惡張浚
劉子羽斬虜使
虜攻拔和尚原
璽書戒川陝將帥
虜犯仙人關
吴玠敗虜仙人關
張浚薦人皆有聲
吴玠復鳳秦隴州
趙鼎除宣撫不行
趙鼎申理張浚
劉子羽宫觀
吴璘復秦州五
劉子羽等撫諭川陝
許李迨拘收財用
劉子羽守潭毒山
張浚復洋州興元府
罷宣撫便宜黜陟
言者稍論張浚四
吴伸訟張浚無罪
張浚至行在
張浚貶福州
吴玠爲宣撫副使
竄劉子羽
王似復知成都
敗虜于臘家城
許劉子羽自便
喻樗論蜀事
命李迨代趙開六
奬諭李迨七

席益李迨違言
吴玠奏罷李迨
竄劉子羽
樓炤宣諭陝西
喻汝礪言蜀中力屈
張燾帥成都始行四川民事
許胡世將隨宜措置
世將焚檄斬虜使
許抽回陝右兵
蜀人不復懼虜
姚仲破虜于百通坊
田晟敗虜于涇州
敗虜于長安城下
吴琦敗虜
吴琦擊却合喜
胡世將帥四川八
劉子羽落職
命劉光世吴玠分理九
胡世將權四川宣撫
罷四川制置司
張燾胡世將議〔蜀〕事十
胡世將告急
胡世將誓死河池
許胡世將便宜
胡世將索虜戰
王彦却虜青溪嶺
胡世將登仙人原
胡世將絶虜歸路
楊從儀劫虜寨
胡世將解慶陽圍

趙開主計得失十一
楊從儀敗虜
胡世將起復
吳璘敗虜剡家灣
楊政敗虜寶雞
胡世將獻捷
胡世將薨于仙人關十二
鄭剛中宣撫川陝
割方山和尚原入虜
陝西民多飢死
鄭剛中御將嚴十三
張燾成都之政
分利州東西路十四
西兵爲天下最
省四川都轉運十五
鄭剛中罷十七
李璆權宣撫事
罷宣撫司歸成都帥十八
符行中領四川財賦廿一
取茶馬剩錢寬蜀民廿四
措置四川裕民事
以蕭振代符行中廿五
符行中帥蜀〔廿四〕
賞蕭振蠲賦廿七
蕭振不盡獻積錢是年卒
王剛中帥成都廿八
吳璘宣撫四川卅一
虜攻鳳州黄牛堡
吳璘授諸將方略
吳璘夜劫虜寨

劉海復秦州
吳挺等敗虜治平寨
吳拱等入汝州
楊從儀拔大散關
虞允文議經略中原
姚仲敗於北嶺
吳璘復熙州
詔吳璘保蜀示棄三路意
詔吳璘進退從宜隆興元
吳璘安撫兼宣撫尋罷
允文乞撫用義兵
命王炎宣撫四川五
允文復宣撫八
重關外四州選辟
利路復分東西五
吳璘傳檄諸國
吳璘復上仙人原
虞允文宣諭川陝卅二
吳璘復德順軍
允文王之望有隙
蜀中不可無之望
命王之望代允文孝宗
詔吳璘棄順德軍
復併利州爲一路乾道三
虞允文宣撫四川
允文招西川義士〔四〕
罷制置司歸宣撫六
罷宣撫司復制置淳熙二
范成大乞互相應援
儲才制置四川〔十〕

選武臣守鳳州十五

僭僞

張邦昌僭位高宗建炎元
邦昌退處資善堂
朱勝非械邦昌使者
邦昌請死
邦昌封郡王
受僞命者稍引退
李綱乞竄邦昌
竄邦昌及僞命臣僚
治僞命臣僚罪
誅張邦昌
劉豫之始二
劉豫邪謀
河南皆劉豫所統三
劉豫説上官悟降
虜以邦昌事誘杜充四
劉豫賄虜求立
虜定議立劉豫
虜立劉豫國號齊
劉豫僭位于北京
劉豫改元(會)〔阜〕昌
虜割關中予僞齊紹興元
劉豫得罪于虜
劉豫移都汴京二
李横敗僞齊兵三
李吉敗僞齊兵
吴勝敗僞齊兵

詔勿侵擾齊界　僞齊以虜兵入寇四
詔罪狀劉豫　張浚聲劉豫罪六
劉豫告急于虜　僞齊分路入寇
虜欲廢劉豫　劉豫請立太子
劉豫乞師于虜七　王倫説虜廢劉豫
虜廢劉豫　招來從僞命人八

遜位

立德壽宮名高宗紹興卅二　詔皇太子即帝位
行内禪禮　上皇之德壽宮
宣諭内禪意孝宗淳熙十六　内降詔禪位
壽皇居重華宮

任相門

李綱

召相李綱高宗建炎元　顏岐請罷李綱

范宗尹顔岐論李綱
留身上十議
請贈恤死節
乞置兩河招撫經制〔司〕
奇喻汝礪
論赦令不及兩河
經理兩河
乞獎健吏李定韓璹
請造戰車
宋齊愈駁李綱議
宋齊愈腰斬
張所等行兩河響應
李綱罷相與祠
張浚爲齊愈攻李綱
東（徹）〔澈〕爲李綱死

李綱自辯
奏僭逆僞命事
論漢高光唐太宗君德
召用張所傅亮
薦宗澤知開封府
論恩恤不及勤王師
乞置帥府要郡
上募兵買馬獻納三議
奏事多所規益
宋齊愈下臺獄
諫幸東南
〔李綱〕黃潛善並相
張所招來豪傑
鄧肅等申理李綱
張浚論李綱奪職

張浚論綱竄鄂州

再竄李綱

許李綱自便

活建民者李相公二

張浚更與李綱親善四

李綱以忤時罷

李綱辭命得祠九

汪黃

汪黃執政高宗建炎元

出宗澤知襄陽

士㒟以論汪黃斥

力沮張所傅亮

殺陳東歐陽澈

竄張所死于貶所

邵成章以言汪黃竄二

張浚攻胡珵黨李綱二

德音不赦李綱三

李綱復職名紹興元

議恢復未及行而罷

李綱（應詔）言時事七

李綱自是不復出

李綱薨十

與李綱忤

張所以論汪黃竄

沮李綱之謀

罷李綱施行事件

決策幸東南

笑宗澤之狂

魏（佑）〔祐〕論汪黃

斥汪藻滕康衛膚敏　沮馬廣
忌宗澤成功沮之　薦王綯爲臺官
始惡張浚　宗澤以憂沮死
引蔡京王黼黨　馬伸以論汪黃竄死
王彦忤潛善　邢焕言汪黃誤國
汪黃並相　笑王綯言虜至三
軍士誤殺黃鍔　罪李綱以謝虜
汪黃無去志　汪黃並罷相
路允迪奏留汪黃　汪黃奪職予祠
竄汪黃明受　再竄潛善同上
復辟後再竄汪黃　潛善卒于梅州
起汪伯彦復罷紹興元　再貶汪黃四

朱勝非

調護苗劉等高宗建炎三　以苗劉事乞罷
罷相知洪州　以苗劉事貶

貶江州紹興元
朱勝非留經筵二
胡安國以論勝非罷
朱勝非得請終制四

呂頤浩

呂頤浩復用高宗建炎元　三
改江東安撫制置
王庭秀以論頤浩罷
建航海之議
移趙鼎翰林
專用掊剋吏
敘用京黼門人
議大出師二
薦朱勝非
自鎮江入見
以頤浩薦復宮觀〔二〕
胡安國再論勝非
起復朱勝非再相三
因忤秦檜奉祠八年十四
除江淮兩浙制置三
以勤王功拜相
罷胡寅言切直
呂頤浩顓恣四
呂頤浩罷
呂頤浩復相紹興元
李回以頤浩丐免
以大事委頤浩
呂頤浩求罷不許
頤浩傾秦檜

頤浩引勝非爲助
斥秦黨臺省一空
請舉兵圖中原
臺諫交章論頤浩
秦檜窮治吕摭十七

范宗尹

陰庇（宋）〔晁〕汝爲高宗建炎四
爲相最年少
沈與求以言宗尹罷
范宗尹落職

趙鼎

黄槩薦趙鼎高宗建炎三
趙鼎兼領荆襄
薦張浚可當大事
定決戰之策

薦臺臣以逐秦檜
欲罷李綱
王岡折頤浩不公三
吕頤浩罷
建議復藩鎮
討論濫賞
以討論事罷相紹興元
命趙鼎宣撫川陝紹興四
留趙鼎作相
堅親征之議
劉錫言相公膽大

趙鼎號賢相 五
責內寺移竹栽入內
不較都督行府關
與張浚不協求去 六
陳公輔劾趙鼎
王縉攻折彥質
趙鼎折彥質罷
復召趙鼎 七
趙鼎乞進退人才
趙鼎復相
趙鼎勸守静
趙鼎救張浚
趙鼎留秦檜
言聖意異於前日
以張浚有爲戒
趙鼎罷相〔八〕
趙鼎入辭納忠
一揖秦檜而去
張戒以乞留趙鼎罷
趙鼎落節鉞 九
竄趙鼎于潮州 十
料秦檜不容張浚 十一
再竄吉陽軍 十四
趙鼎不食而死 十七
論趙鼎引用非人 廿一
趙鼎知人之明
趙汾坐張祁獄 汾鼎子 廿五
趙汾降二官 時檜已死
趙汾改正過名尋卒
與趙鼎恩澤四名 廿六

張浚

欲任用張浚高宗建炎二

張浚執政年少

張浚罷尋復之

以趙鼎薦復知院

張浚自辯誣謗

張浚因曲謝論治

與趙鼎始有隙

張浚論泰否

請親行邊塞六

並用韓岳二將

褒諭張浚忠勤

與諸賢共薦秦檜

請罷劉光世

薦劉錡大將才

張浚舉兵勤王三

張浚招薛慶

張浚貶居福州紹興四

善張浚措置邊事五

與趙鼎並相

視師江上

張浚自湖湘入見

議大合兵北討

稱張浚始練軍事

往鎮江視師

以官回授其兄滉

請擒劉豫取河南

以功遷特進七

言劉光世之罪

張浚繆用呂祉
分置淮西帥
酈瓊搜郵傳得祉奏
張浚因呂祉引咎
李綱以書責張浚
張浚罷相
周祕等力攻張浚
李綱申理張浚
上嘉張浚之忠
因言星變再竄十六
張浚名譽之重
陳俊卿薦張浚卅一
張浚判潭州尋改建康
衛士喜張浚復用卅二
還張浚執政恩數
酈瓊訟王德
呂祉密奏罷酈瓊等
酈瓊殺呂祉降劉豫
臺諫攻張浚誤國
太學生論淮西事
王縉乞留張浚
竄張浚永州
寧覆國不用張浚〔十〕
張和公虜所憚十三
張浚量移二十
因言邊事落職廿八
陳俊卿復薦張浚
張浚勞李顯忠軍
張浚入對
張浚兼措置兩淮

張浚創萬弩營
召見張浚孝宗
除江淮宣撫
張浚置武毅騎士
倚魏公如長城
張浚料虜情
張浚督師隆興元
張浚赴召上疏
符離潰軍
王十朋乞罷因主恢復薦張浚
張浚降宣撫使
張浚復都督
張浚復右相
張浚復視師二
張浚建〔都〕督之效
張浚罷判福州
張浚薨于餘干
以不恢復不肯歸葬
張浚功業大概

秦檜

以檜故用秦梓高宗建炎元
秦檜挈家自虜歸四
得秦檜喜而不寐
怒孫覿賀啓紹興元
擠范宗尹
初相秦檜
二策可聳動天下
報汪伯彥私恩

薦胡安國
命秦檜居中運才二
與頤浩分理内外
置修政局
諭秦檜修攘
王居正排秦檜
上出秦檜二策
秦檜罷職
嘉秦檜不忘朝廷五
改知紹興
留秦檜留守
除樞密使七
張守知秦檜患失
書羊祜傳賜秦檜
恨金安節攻秦梓

使言路攻婁寅亮
婁寅亮以貶死
上覺檜欲專權
與翟汝文忿争
吕頤浩傾秦檜
秦檜罷相
榜朝堂不復用檜
罷修政局
進職知温州六
秦檜入見賜茶
召入經筵
忿岳飛舉趾
張浚覺秦檜包藏
秦檜謝趙鼎留己
辛次膺劾檜求出八

秦檜復相
引用王次翁
秦檜欲摇國本
蕭振劾劉大中摇趙鼎
秦檜益憾趙鼎
秦檜罷張九成
秦檜大恨王庶
薦魏良臣弭其言
竄胡銓
秦檜大恨陳剛中
令勾龍如淵攻王庶
引施庭臣爲臺官附和議
秦檜不能奪張燾
秦檜孫近奏敘胡銓九
怒范如圭乞朝陵
晏敦復知其姦人
薦用何鑄
引蕭振爲臺官
秦檜恨吕本中
秦檜怒張戒逐之
秦檜惡韓世忠
擢勾龍如淵中丞逐異議人
胡銓以和議乞誅檜
晏敦復爲銓求援
逐曾開
引李光鎮壓浮議
張燾等攻庭臣莫將
秦檜大怒尹焞
大怒岳飛賀表
大惡連南夫賀表

深銜尹焞
大怒王銍駁陵名
處趙鼎於遠郡
令臺諫攻趙鼎
始不樂周葵
不奉行金翠禁
韓世忠遺檜書
令何鑄攻劉一止周葵
廖剛以忤秦檜出
秦檜蒙蔽陳桷
秦檜賣馮檝
令言者攻陳鼎
引王次翁參政
令何鑄攻張九成
孫近以請用張浚罷十一

不召謝祖信曉諭意
勾龍如淵施庭臣罷
重修執政拜罷録欲掩其迹
引周葵入臺
丁則等以忤檜出
喻汝礪以不附檜出
令何鑄攻李光
疑上封者言己過十
王次翁乞罷審量
秦檜怒廖剛譏己
令何鑄等攻廖剛
令王次翁等攻趙鼎
喜劉昉引用之
令何鑄攻范沖等
鄭剛中阿秦檜

張俊與秦檜意合
秦檜封慶國公
大將之客被罪
深忌劉錡岳飛
根括岳飛錢物
岳飛父子屬吏
令万俟卨攻范同
士㒟以救岳飛罷
風張浚使助和議
韓世忠詰秦檜
秦棣陞閣職
竄胡銓
王庶二子欲報仇
喜程克俊草制
令江邈攻罷張俊
引用林大聲
斥趙慶孫等六人趙鼎所薦
令万俟卨攻岳飛
令何鑄等攻罷岳飛
王俊誣告張憲
程敦厚阿秦檜
竄李光
除何鑄簽樞使虜
殺岳飛父子及張憲
私取秦熺倫魁十二
竄王庶死貶所
令万俟卨等攻何鑄
除万俟卨參政使虜
依蔡京封兩國公
令羅汝檝攻劉子羽

不赦王庶趙鼎
喜熊彥詩賀啓
興胡舜陟之獄十三
罷王次翁參政
轉對官自此不言事
不悦洪皓所言張(俊)〔浚〕及錢塘事
令李文會攻洪皓
怒張邵言迎請淵聖宗室事
秦檜心術之深
李文會等攻万俟卨
令李文會攻高閌
秦檜庇黃達如
曾惇稱秦檜聖相
令詹大方攻洪皓
怒孟忠厚謝表并斥吴棫

治不附和議罪詳見邊事門
秦檜生日賜燕
焚罷相以來事迹
竄張九成
罷程克俊簽樞
大怒洪皓歸北人家屬事
令李文會攻魏良臣
秦檜生日之侈
秦檜(遷)〔逐〕黃龜年十四
疑高閌薦張九成
李文會參政自是以言者代執政
李椿年誣奏周葵
配白鍔張伯麟
再竄李光
竄趙鼎海外

罷張闡不附己

竄李光瓊州

秦檜除執政備員

使人奏祥瑞十五

私其親黨徐琛

秦檜酖殺邵隆怒其出兵

秦檜言橫議無益

書一德(享)〔格〕天閣

罷楊愿參政

令汪勃劾韓公裔十六

秦梓恤恩視執政

喜康倬言彗不足畏

再竄鄭剛中〔十八〕

再竄鄭剛中死貶所十九

張邵以阿秦檜起廢

令楊愿攻李光

令楊愿攻李文會

引楊愿參政

劉昉劾向子忞

秦檜賜第

幸秦檜新第

秦檜妄誕無稽

賜物如蔡京王黼例

竄折彥質

賜家廟造祭器

令何若誣奏陳鼎

令何若攻張浚因言邊事

秦棣倚勢慘毒

張邵言秦檜有隱功

竄王(廷)〔庭〕珪坐以詩送胡銓

以郡倅處所怒人
驟用曾惇知鎮江
御製畫像贊
呂稽中陷辛永宗
始怒胡寅譏己
施全遮殺秦檜二十
引巫伋爲簽樞尋參政
李孟堅以史事竄
竄胡寅
玉牒録秦檜推戴事
命檜自録執節本末
章傑羅織趙汾鼎之子
鄭煒上秦檜啓
王揚英薦秦熺爲相廿一
王居正奉祠十餘年
許忻以忤檜屏居
罷李璹坐與胡銓交結
張棣祝謍之死羅織遷客之報
林機起李光獄
解潛以斥死
升余堯弼參政
李光永不檢舉
胡寅落職坐通李光書
御書秦檜父墓碑
(缺)王曮草制阿秦檜
何大圭告訐張浚
竄吴元美作夏二子傳死貶所
許肩輿至宫門
喜張震策
程敦厚獻詩貢諛

罷余堯弼參政
竄葉三省
自奏推戴趙氏事〔十六〕
引何若爲簽樞十七
毒殺牛皋
秦檜伺朝廷動息
趙鼎永不檢舉
庇劉伯英不法
李觀民傅（舍）〔會〕言事
秦檜惡聞人言
鄭剛中鄂州聽旨
喜雪賜宴秦檜第
李光家盡焚其書
段拂歎趙鼎死忤檜
令余堯弼攻段拂
竄王庶二子廿二
巫伋言談命忤檜
不樂陳剛言恢復
罷李若谷參政
引汪勃爲簽樞
編管馬元益因乞出兵
竄洪皓
鄭剛中積忤秦檜
秦檜殺趙鼎令月具存二
秦檜破呂頤浩家
罷洪适曾恬
竄鄭剛中
秦檜喜林大鼐〔十八〕
秦檜抑所忌之士
汪勃升參政

以秦熺爲知院 尋罷
方雲翼讒晁謙之
私庇鄭滋 稱門生
親厚鄭霨
怒何耕策 與張浚爲地
趙叔溍阿秦檜
再竄胡銓過海
令章廈攻巫伋〔廿二〕
陳誠之頗忤檜
馮檝爲檜所厚 帥本路八年
宋樸爲簽樞 教官踰年爲執政
徐宗説爲檜莊客
王循友請加檜九錫 廿三
王曆倚勢凌奪
怒蕭燧 不肯私取秦檜孫

秦檜密結王繼先
令余堯弼攻晁謙之
竄李顯忠 上恢復策
罷吴秉信 鄭剛中黨
以詹大方代汪勃簽樞
引余堯弼執政
書胡銓趙鼎李光名
引章廈爲簽樞
張九成論摧折人才
宋樸劾章廈
再責李光楊煒等
楊愿以憂畏死
編管范彥輝 坐作久陰詩
秦檜用薛仲邕 曹泳甥
王之望阿檜父子

陳璹調護遷客
罷宋樸用史才
秦檜毀程頤
逐孫仲鼇 李光客廿四
私取秦塤倫魁 上易之
魏師遜悔舉王綸
竄王循友 坐配檜族人
程敦厚上書阿檜
以程頤學竄蕭振
令董德元攻鄭作肅
曹泳倚勢妄作
用施鉅鄭仲熊
秦熺封國公
竄魏安行洪興祖
竄沈長卿 坐與李光啓廿五

上莫測秦檜意
(鄭)〔龔〕釜掌檜莊屋 曹泳薦
逐楊迥胡襄 趙鼎胡寅客
私取秦塤省魁 檜之孫
王綸以忤檜罷
罷史才用魏師遜
興王趯之獄 因李光寓書求内徙
秦檜薄程敦厚
符行中鄭靄厚賂檜
施鉅阿秦檜 得執政
罷魏師遜
秦檜除伴拜執政
竄方疇 坐與胡銓通書
竄王趯 李光事皆虛猶有此行遣
竄芮燁 坐牡丹詩

怒鄭仲熊

召呂愿中賦秦城王氣詩

張瑜作衮繡堂

李光一家殘破

曹泳薦黄兑娶檜兄女

罷劉珙不爲檜父作謚

罷鄭仲熊用湯思退

令汪召錫圖張浚

命張柄等察張浚

陳巖肖爲檜立祠

怒楊(橙)〔揆〕不已

秦檜起朱敦儒

周麟之乞造瑞芝旗

興張祁獄欲盡除異己

幸秦檜第視疾

庇張士襄奏事欺罔

和詩嘲秦熺

董德元羅織李孟津光子

用吕忱中因告訐林機陰事

竄趙令衿坐謗訕檜家廟

林機阿秦檜亦得罪

湯思退薦洪遵思退檜死黨

引董德元參政

趙鼎議論秦檜

令徐嘉攻張宗元

張永年直閣父與檜連姻

攻陳祖安李光庶婢之子

攻莫汲莫濛趙令衿之獄

賢士五十三人與獄

秦熺覬覦相位

秦檜父子致仕
贈董德〔光〕〔元〕湯思退金
秦檜姦惡本末
徐嘉張扶出臺上首易言事官
秦檜封申王
逐曹冠等四人
嘉洪皓之忠
詔戒告訐
編告訐得官姓名
罷王瀹等四人
詔戒臺諫黨大臣
竄鄭億年罷鄭仲熊
李光量移
責徐宗説等三人
釋張祁獄
洪皓貶死南雄州
秦檜薨
竄曹泳罷秦檜黨四人
詔陳誠之等四人
賜八字神道碑額
檢舉未赦貶官
論大理鞫獄觀望
上始攬權
王會罷建康守
論大臣壅蔽裕民事
逐秦烜移檜家廟于建康
張浚等許自便
再責張士襄檜所庇
蔣璨奉祠十二年
宋貺落職檜黨

罷趙士㣚高百之
竄以告訐得官人
召孟忠厚
罷董德元
胡寅復職名致仕
胡銓量移
竄康與之徐樗
差除合公議
召樊光遠
出王葆王復
黄唐傳復職名
曹泳竄海外
責林一飛竄林東
罷王（厝）〔曆〕王墨卿
罷鍾世明陳巖肖

起金安節以論秦梓罷
被告訐人許自便
上親決獄案
罷言官王葆等檜所薦
竄王會
罷齊旦王伯庠
張浚復職名
起張九成廿六
罷王珉徐嘉
罷丁婁明
復趙鼎等官職
罷沈虚中
責王曮吕愿中
罷余佐龔釜
與（趙鼎）鄭剛中恩澤

檢舉聽讀士子
釐正殿試私取人
竄劉伯英
胡寅卒于衡州
湯鵬舉擊秦黨廿七
李光卒於江州廿九
秦熺卒於建康卅一
黃祖舜繳秦熺恩澤

秦檜後輔相

相沈該高宗紹興〔三十〕〔廿六〕
相湯思退廿七
沈該罷廿九
思退陳康伯並相
湯思退罷三十
陳康伯決親征議卅一

孝廟輔相張浚已見前

留陳康伯紹興卅二
召陳俊卿
陳康伯史浩並相隆興元
史浩罷不與出師議
史浩沮用兵議
湯思退右相
陳康伯罷
湯思退張浚並相
湯思退謀陷張浚二
湯思退令言者攻浚
湯思退辭都督
湯思退陰結虜人

湯思退竄死

陳康伯比晉謝安乾道元

葉顒魏杞並相二

陳俊卿去覲大淵

以雷變策免二相三

陳俊卿右相

俊卿申理劉珙

俊卿諫騎射五

俊卿罷相不主請陵寢議〔六〕

虞允文梁克家並相八

克家罷曾懷代之九

曾懷罷葉衡代之

竄葉衡三

謝廓然攻罷茂良四

史浩右相五

陳康伯復左相次年薨

相洪适明年罷

中外慶宰執得人

虜使爲陳俊卿屈

相蔣芾尋罷四

俊卿攻王琪詐聖旨

俊卿諫鍛銀鑛

俊卿虞允文並相

上意向允文主請陵寢議

允文容蕭之敏尋宣撫西川

明曾懷誣謗淳熙元

湯邦彦攻罷葉衡二

(缺)相龔茂良

竄龔茂良忤曾覿

陳俊卿入對

史浩罷趙雄代之
趙雄等不任怨八
趙雄罷王淮代之
梁克家復相九
賜史浩詩十一
罪湯思退退縮十二
梁克家罷十三
周必大相十四
論大臣不和
王淮罷十五
沈清臣歷詆故相
朱熹言命相不得人
周必大留正並相〔十六〕
周必大罷光宗

君道門

聖德

藝祖誓書不殺大臣及言事官高宗建炎元
出宮人三
不肯歸過大臣
賞張汝舟簡儉四
不許排辦太過紹興四
却韓世忠獻鮓
戒仲湜好珊瑚七
罷甲庫三十
罷進貢時新孝宗卅二

聖德畏謹隆興元
上樂聞過乾道二
聖語至明至當
勤儉過古帝王三
却獻方物淳熙六
不喜時新
守恭儉兩句

仁德

論潘良貴勸誅殺高宗建炎四
用他物代羊肚紹興三
埋簽軍遺骸五
上好生之德六
歎劉豫簽軍之酷七
論王庶勸誅殺
未嘗送人入獄
行寬仁法仁祖九
戒諸將多殺十一
春月禁採捕二十
禁採捕鹿胎廿三

孝德

思慕隆祐太后高宗建炎四
(復)〔優〕徽廟舊人紹興十
上事太后謹十二
議朝德壽宮禮孝宗卅二
宮門降輦
定七日一朝禮

供德壽宮米炭
上太上帝后册寳
詣德壽宮上壽隆興元
乞加太上尊號乾道六明年行
盡悦親之道七
喜太上壽康淳熙元
加太上帝后尊號二
行太上慶壽禮
編光堯慈訓五
太上帝后宴大内七
慶太上皇后年七十十
奉慈顔之歡十二
加太上帝后尊號
太上賜銷金背
慶太上八十歲禮十三
太上皇帝上僊十四
議行三年之服
詔行三年之喪禮十五
沈清臣贊成上意
王正己撰孝感記
上帝后尊號光宗十六

勤德

上恭己勤(儉)〔政〕高宗建炎二
五更初覽奏報紹興元
日有常度三
戒初鋭終怠五
上或達旦不寐六
因夜觀奏損目

夜閱淮西警報

禁中自有日課七

上閱奏至夜分卅一

讀寶訓知養生〔孝宗卅二〕

恐政事積壓乾道元

以無逸爲龜鑑淳熙二

以無逸爲法四

朕心未嘗放下十

遜位前一日除授十六

儉德

命碎寶器高宗建炎元

以珠寶投汴水

毀螺鈿椅桌又見二

命尚食勿進鶉兔四

却孔彦舟獻玉紹興元

天性不好華靡二

毀供御繡服牌

罷後苑作

奉身至約

毀棄金屏障

修行宫惜費

罷織御服羅

却獻玉尊四

罷市御爐炭

甘陋居菲食

上論祖宗恭儉

常以營造爲戒五

留金酒器賞將帥〔六〕

常御蔬菜豆腐七
陳設不須文繡十三
幕帟不用文繡廿六
戒數易陳設卅一
不增宮中臺殿孝宗乾道七
不喜珠玉圖畫
創新堂不施丹雘
薄於自奉
寢處不須華好
殿宇用赤土桐油
上不貴異物三十
宮中自奉儉素卅二
不買北物淳熙六
重營繕
儉德中外共知七

明德

上知沈(昭)(晦)爲人高宗紹興四
因知馬論(得)(知)人七
上知偏裨才性
上深知諸校之才十
上知偏校能否孝宗隆興二
周知將官人才三
知馬廣有謀略
察愛憎爲毀譽
上知人善將將八
論劉錡所長十一
上知戴之邵妄誕乾道元
上明見萬里外

因奏對盡知其人淳熙六

容德

優容忠讜高宗建炎三
不明言趙傑之罪孝宗淳熙十一

聖學

初復經筵高宗建炎元
暑月不罷講
神交孟子
廖剛言帝王之學
命胡安國兼讀春秋
不許經筵講史
喜朱震論易春秋四
經筵復開講
喜司馬光隸字六
詔間日開經筵
備知諸將長短十五
容李漢英狂易紹興三
進讀通鑑二
論孟幼年所習
洪擬論帝王之學紹興元
始御講殿二
命進春秋口義
上論春秋書法三
讀三朝寶訓〔五〕
分命儒臣講書
重胡安國春秋傳七
張九成所得甚多八

帝王學不同士夫十一
宮中不廢學
上喜閱書作字
論觀書養性
君臣皆當知春秋
張浚論人主之學孝宗
進讀三朝寶訓
劉珙論聖王之學三
張栻講詩葛覃七
論仁義中有功利三
論孔孟之言不同
講讀寶訓不倦七
讀真宗正説八
講易泰萃二卦
論陰陽之理
論學必自得十二
讀書思聖人意
論君臣當知春秋十三
上性好讀書〔十四〕
復御講筵卅二
召輔臣勸講
無事看尚書數篇乾道二
讀尚書知畏天四
祖宗留意聖學淳熙〔九〕〔元〕
命學官講中庸四
暇時只好讀書六
進讀寶訓終篇
日講周易兩卦十一
論人主讀書不知道十三

聖製

製中和堂詩高宗建炎三
刻太宗戒石銘紹興二
頒真宗御製七條十
製先聖七十二子贊十四
製秦檜畫像贊十九
奉安徽宗御集廿四
製損齋記廿八
製黄元贊
製敬天圖孝宗乾道七
自撰幸學詔兩語淳熙四
幸秘省賜詩又五
宣示敬天圖四
製用人論（六）〔五〕
賜史浩送行詩十一
賜石刻太上稽山詩

聖翰

書通鑑賜黄潛善高宗建炎二
書孟子語於素屏
書旅獒大有大畜卦
書中和堂詩賜張浚〔三〕
書郭子儀傳賜諸將四
書孝經（賜）〔示〕輔臣紹興二
書光武紀賜徐俯
書寇賈事賜二將三
范沖請書無逸圖五
書中庸篇賜進士

書尚書賜趙鼎
書泰否卦賜張浚
書成都大成殿榜
上留意(聖)〔字〕學
頒御書州縣學十三
頒刻御書孝經十四
上好米芾書
書皇甫坦庵額廿八
書賜玉堂字三十
上以書字爲娱七
太上真草之妙
建光堯御書閣淳熙四
欽宗命太上爲元帥真蹟十三

尊號

不受尊號高宗紹興十八

書車攻賜輔臣
書裴度傳賜張浚六
書羊祜傳賜秦檜七
親寫尚書史記孟子十二
書太學首善榜
書閣名賜秦檜十五
書秦檜父碑二十
刻親書二詔廿九
題楊存中閣名孝宗乾道元
書秋山平遠詩
書益稷賜新進士八
書閣名賜史浩十一

譏德宗加尊號孝宗淳熙九

君道

治天下惟一公高宗紹興元
賞罰不私大臣親三
君臣以至誠相與四
靜坐思應敵之方十一
上無一毫私意廿七
讀寶訓知爲君難〔孝宗卅二〕
行罰不私親近乾道二
行法不避戚里
上不任私意五
劉珙言循理得民心八
用中於民二　六
不以魏王所請廢法四
不以卿監私近屬
羞叔世之君所爲

論至誠盡仁二
不偏好惡
論毀譽當考其實五
不以毀譽爲賢否
虞允文論君道有三廿八
論人君不可驕縱隆興元
守法不私懿親
劉珙言不可獨斷三
懲奸不私於近六
君臣不事行迹淳熙元
用法不私宗親三
不以戚里廢公法六
矯枉不可過直
有私心法便不行十

論人君少知道十二
行法不私潛邸人

君心

不畏多事畏無事高宗紹興十三
張栻論君心孝宗乾道六　因郊祀
朱熹言正心術淳熙七

攬權

令劉光世稟朝旨高宗建炎四

敬天

祈天弭禍高宗紹興二
講遇日食故事四
焚香禱雨六
星變不拘分野廿六
以淫雨講究決獄二
大雨減膳慮囚三

論人君易驕縱
人君不可有貪心九
朱熹言理慾十五

罷便宜旨揮

畏天不論分野
因旱講朝政闕失五
舉行弭災四事十五
應天當以實孝宗乾道元　久雨
災異當恐懼修省
編尚書爲敬天圖七

君臣交修答天貺
平時奉天八
修省惟恐不逮淳熙七
因豐稔增修德政
謝雨歌雲漢詩十四

格天

禱天得晴高宗建炎三
太白復歸黃道
日食淺而退速
熒惑退度
日中黑子消伏紹興元
得雨始御玉食三
甘澤應祈五
蔬食得雨九
祈雨獲應十一
欲祈得雨十六
甘雨應祈十九
祈雪獲應廿一
喜小雨應候卅一
祈天蝗滅孝宗隆興元
郊祀得晴乾道元
祈晴獲應八
批出決獄得晴淳熙三
聖心寅畏得晴四
雨自方寸中來七
人主感天之速十
默禱上帝得晴十二

稽古

命進故事高宗建炎四
論漢宣中興孝宗乾道四
慕漢文景唐太宗七
論歷代治亂二
論裴度功業七
論唐世多名將十三

鑑誡

論唐明皇任相高宗紹興(元)〔六〕
論唐太宗不若漢文十一
評漢文唐太優劣十二
論秦穆晉武隋文孝宗隆興元
論德宗猜忌淳熙九
恐有德宗之失

命講官進故事
論衛文公致富六
以正觀諫録爲龜鑑淳熙元
喜陸贄奏議
論兵威不及漢唐十一
讀陸贄奏議

論唐太宗用人七
論晉武廢禮致亂
論唐太宗君臣廿九
論節儉奢侈乾道六
以唐二君爲法爲戒十三

儆戒

以虜酋侈靡自儆孝宗乾道三

求言

詔侍讀官奏事高宗建炎元
至杭州詔求直言三
以彗出求言紹興元
復建隆輪對故事
以星變求言
以災異求言
言轉對有補五
增轉對員
引對臣僚
詔職事官轉對七
因旱許上封事
因條便民事以觀人十五
詔百官言事
久雨詔言闕政
引對郎官二
輪對周復令轉對
命守臣奏利害邊防三
許監司奏便民邊防
侍從不拘輪對
乞勿拘輪對六
轉對官許投進
訪民瘼闕政
六參日輪對
恐阻節言事廿二

申命輪對言事（十四）〔廿四〕
黃中請復轉對廿七
許修注官奏事
太學生五賢詩
引對監司守令
張震乞復輪對
以旱蝗星變求言隆興元
以災異求言
禁太學生伏闕
命執政晚朝奏事〔乾道元〕
詔臣下指陳闕政三
許閤門官輪對七
詔前宰執侍從言事六
因旱求言十
訪問外事

治伏闕上書罪廿六
命賀允中奏所聞廿八
轉對官始言事三十
久雨求言卅一
詔求直言孝宗卅二
賜筆札令條弊事
詔條優恤軍民事二
詔輔臣夕對
詔會議時事
不塞獻言之路
乞侍從更宿禁中六
汎問宰執中外事淳熙〔二〕
命侍從論思獻納八
論群臣不言過失
因旱求言十四

詔監司條弊事
復輪對

通下情

置檢鼓院高宗建炎元
賞進士言時事
李郁以布衣陳要務四
納用布衣言事〔七〕

聽納

置官看詳封事高宗建炎元
輪官看詳獻言〔三〕
喜臺諫言事
令人盡言
編管上書狂妄人三
獎諭李綱言事
看詳陳獻利害七
令後省看詳上書

即位求言光宗十六
詔侍從言事
布衣孫清論事紹興二
布衣吴伸上書
不長告訐之風六
布衣上書訴冤獄孝宗〔乾道六〕
置簿録臺諫疏
行布衣獻言四
聽太學生上書紹興二
貶王洋請立五季後
命官編類章疏五
容納張戒忠言
獎諭李綱乞兼聽
上論清心聽納十一

看詳便民事件十三　十八　廿三　廿六
賞應詔言事人廿六
催看詳奏疏
命進呈省試策隆興元
節殿策言利害處乾道元
看詳投獻文字二
用陳俊卿忠讜
張栻乞聽言考實
以是非爲從違七
看詳諸路不便事九
置司看詳言事五
看詳應詔封事十四
定奏劄數十五
采用直言孝宗卅二
獎獻言之士
獎吴澥言事
取上書撮要進呈
置章奏簿
置言事簿五
龔茂良言聽言責功六
言事當觀所行
節録館職策淳熙二
聽言務詳審七
施行（辛）〔群〕臣封事

求才

招來材武之士高宗建炎三
上置人才簿卅二
上欲識知名士紹興八

用人

兼用才德高宗建炎四
論用人之法
才吏不可無
豪傑不次擢用
用人惟賢紹興三
論人難知
魏矼論用人之道四
用人不分彼此五
因御馬論用人七
論用人不宜太速
録所薦人于屏
除官必謹始十一
責士大夫盡心職業十二
用人當盡公道廿六
上嚮用洪遵廿九
召徐度等三人
洪皓三子可用卅二
用人取愨實
用人不求備孝宗乾道三
用人不責小過六
重郎曹選七
選人爲卿監官
不以言取人八
用人處以無心
用人二弊淳熙元
乞宣示用人論六
論用人材十
用人不厭詳細

戒大臣勿分文武十一
親擢
趙逵天子門生高宗紹興廿五　召胡銓王十朋孝宗卅二
除周操正言　上自知胡銓十朋隆興元
敬大臣
尊禮舊弼故老孝宗紹興卅二　優禮老臣
上不稱張浚名隆興元　不呼陳康伯名乾道元
常朝大臣免宣名淳熙七　禮遇故相八
錫予
不開賜予例孝宗隆興二　不妄賜予〔乾道〕七
爵賞不可妄予淳熙四
錫宴
聖節復賜宴高宗紹興十三　喜雪賜宴
講書徹章賜宴〔十八〕〔十六〕　命近臣射飲孝宗乾道七
宴宰執於澄碧淳熙二　觀堂錫宴七

宴講官于秘省八　以荒歉罷雪宴
許文臣燕射九　宴經筵官十三

遊幸

幸玉津園宴射孝宗隆興二乾道九〔淳熙元〕〔四〕
幸秘書省淳熙四又五　閱蹴鞠四
幸佑聖觀六

田獵

禁獻鷹犬高宗建炎元

治道門

治道

胡寅乞務實去虛高宗建炎三　張浚論爲治之道紹興五
論治國猶治身　治天下如治疾六
鄭剛中言虛〔文〕弊六　治道當鎮以清淨十一
治道貴清靜十五　治道以民事爲急十九

寶訓真宗守清靜孝宗卅二
祖宗精於治道
論治天下以禮〔乾道〕六
張栻奏立規模
崇尚簡易
上下寬嚴之體〔淳熙元〕
責實之效四
治天下如弈棊十二
論當今要務十三

政事

議清中書之務孝宗乾道三
朝廷當理會遠大事
陳俊卿乞清中書務
檢舉合待報事
政事復歸中書〔四〕
小事亦不創例九
聚議用漢故事淳熙元
出令不可不審三
論集議之弊八
戒違戾約束十五

治體

論寬猛適中孝宗乾道七
治體不可偏淳熙三
本朝仁厚比於周四

風致

罷群臣起復高宗建炎四
許群臣奉親紹興九
上論風教不立十一
禁規求起復十六
立規圖起復法十七
論起復非美事廿六
旌賞童子楊富〔老〕三十
劉珙辭起復孝宗乾道七
旌陳敏政家行義九
旌方甫孝行淳熙三
旌表楊榆家六
定小使臣三年制七
旌節婦廖氏十四

詔令

下革弊詔高宗建炎元
宗澤論詔旨二
幸杭州下詔罪己三
詔以四事自責
詔令當取信四
許改正詔語紹興三
詔自責求言恤民六
下詔罪己孝宗隆興元符離之役
下戒勵詔光宗附淳熙十六

内旨

詔執奏傳宣 高宗建炎元
衛膚敏論内降
御筆指揮 紹興二
許奏駁御筆
御筆作聖旨行下
不降中批 孝宗乾道二
陳俊卿乞密繳内降 四
陳俊卿奏審御筆
陳俊卿諫出中批 淳熙五
陳俊卿諫用白劄

紀綱

胡寅紀綱五事 高宗建炎三

制度

頒降斗斛 高宗紹興二

家法

取法仁祖 高宗紹興三
不改祖宗成憲
禁中百事守典故 四
范沖論王安石變法
安石變祖宗役法〔五〕
法仁祖不及太祖
以儉素爲家法 六
經久之制不可易 八

守家法求帝王意十二
不許變法十四
祖宗法不必改
命遵守法令廿六
讀寶訓論法祖廿七
不以奏請改成憲
不違祖宗舊章三十
編建炎紹興詔旨孝宗卅二
詔有司守祖宗法隆興元
論子孫不守法度乾道三
命遵守成法六
論熙豐變家法七
論改法之弊
守法杜僥倖九
上下堅守法度淳熙二
守祖宗成法
詔遵祖宗成憲光宗十六

法令

重修敕令高宗建炎四
對修政和嘉祐敕紹興元
頒紹興敕令
乞修六曹法令
乞申明法意〔三〕
乞重修敕令
增贓錢絹疋
上吏部七司法
編七司例册四
詔監司條具專法五

立監司守令失按法
王俁論廢法用例
上重修祿秩新書六
看詳刑名斷例九
編續降朝旨
監學敕令成十三
七司通用法成十九
編刑部例入法廿六
看詳批狀指揮三十
不許引例斷刑孝宗乾道元
乾道新書成
增以絹定贓數六
親閱法令
因例立法之弊
編淳熙條法事類六
宰執初提舉敕令
定宰執祿令
重修祿秩令成八
秦檜上通用敕令十
六曹寺監（初）〔法〕成十二
常平免役法成十七
茶鹽法成廿一
重修貢舉敕令
上吏部法刑名例
諭執政毋創例害法二
守祿令不破例
詔審復刑書
修吏部七司法淳熙元
更定强盜贓法二
御筆刪修敕令

頒淳熙新書七
羅點乞減刺配法十一
乞裁定刺配法十四

賞罰

公示賞罰高宗紹興四
大明賞罰
治天下在賞罰六
以賞罰治天下七
恩威賞罰並行
論用兵在賞罰十
得人才在賞罰十七
行官吏賞罰廿六
賞罰須當並行
行諸將賞罰卅一
行諸將賞罰孝宗隆興二
賞罰出於無心淳熙六
賞罰不可廢十四

刑獄

應奏讞並降等高宗紹興元
强盜不分首從
章誼奏讞平恕二
以霖雨命督獄
臨軒決囚
致謹奏讞
戒理官明恕
詔戒理官三

孟師尹平反遷秩
論仁宗重失入罪
因旱遣憲臣慮囚
奏按濡滯刑獄
命憲司奏大辟
刊定斷例
定瘐死罪五
論奏（按）〔案〕不當
經筵論奏讞
時暑慮囚七
張九成平反
命覺察滯〔獄〕
缺奏按免收坐官吏
論獄吏弛慢
始令官司給斷由廿二
劉藻論斷〔獄〕
命察官決臨安獄
詔諸路監司慮囚
元衮言情法輕重
奏讞不當不加罪四
喜張礿平允
盛暑慮囚爲永制
强盜獄死不理賞六
詔監司慮囚
有罪無可恤八
論贖刑難用十一
用經任人鞫獄十二
催結絶滯獄十四
禁妄奏獄空〔十九〕
命理官決浙西獄廿五

不許妄奏裁廿六　命四川決獄
增理寺吏禄　論理寺姦弊廿七
不貸劫綱事　刑罰不事姑息廿八
大理獄空卅一　不原官吏致死罪孝宗乾道元
嚴詐官罪　詔戒獄吏侮法二
戒獄官探執政意三　親閱囚款
臨軒決遣繫囚四　詔議獄以法五
引見疏決罪人六　不許淹延民訟淳熙三
治使臣盜官物罪四　陰雨決獄
大理獄空五　殿策問圜土八
嚴失入罪九　喜趙汝愚執法十
刑部臺察録囚十一　懲獄案稽緩十二
治獄案稽緩罪　禁詞訟稽違
朱熹言刑獄不當十五

詔獄

胡舜陟靜江之獄高宗〔十三〕
胡舜陟冤死
李光野史之獄二十
王躍之獄廿四
張祁之獄廿五

赦宥

即位大赦高宗建炎元
復辟赦三
以虜退曲赦淮南〔紹興〕五
大暑疏放輕刑六
以和議成赦天下九
因旱檢舉未赦人
復建金雞肆赦十九
郊赦詳民間利害廿五
檢舉編置罪人廿八
登極大赦孝宗卅二
立太子赦乾道元
太上康復大赦淳熙十四

皇親門

儲嗣

皇子生高宗建炎元
詔立皇太子三

皇太子薨
李時雨乞立儲貳
命令應選育宗子紹興元
婁寅亮言宗社大計
選立藝祖後
婁寅亮除察官
孝宗以選入禁中二
孝宗除防禦賜名三
選伯玖入宮四
張浚言儲貳五
孝宗封建國公
伯玖除防禦賜名璩六
岳飛請正皇子位七
建國公親奠朱震八
王庶言匹嫡之非
宗室璩封崇國公九
建國公封普安郡王十二
普安出閤
崇國公封恩平郡王十五
二郡王並移鎮十七
光宗爲率府副率二十
閻安中殿策言儲嗣廿七
普安聰明從諫
張燾贊定國本廿九
議普安典禮三十
普安盛德
立普安爲皇子
恩平判大宗正事
決此計已九年
建王加禮王十朋

虜使不敢視建王
建王處變不懼
光宗封恭王孝宗
皇太子愭薨三
皇太子尹京九年免
東宮見識學問八
開議事堂十五
尤袤獻言於太子

訓儲

以書院爲資善堂高宗紹興五
范沖書孝經圖後
普安郡王力學十九
東宮講讀次第九
東宮添讀唐鑑四

建王不喜聲色卅一
立建王爲皇太子卅二
立愭爲皇太子乾道元
立恭王爲皇太子七
上論建儲事淳熙七
詔太子參決庶務十四
朝殿命太子侍立
皇子封嘉王〔十六〕

建國公出資善堂
建國讀孟子終篇六
命東宮講尚書孝宗乾道二
賜東宮通鑑紀事淳熙三
命太子讀經史六

皇子

封皇三子爲王孝宗附卅二
皇子愷判寧國府乾道七
魏王治二郡惠愛淳熙元
皇二子魏王薨〔七〕

親王

立益王主奉高宗建炎四
封太祖後紹興元
封安定郡王

宗室

胡寅乞封建宗室高宗建炎三
宗司寓廣潮泉郡紹興元
置行在宗正司
公族始爲從官
築睦親宅三
謝伋言宗室五事
南班宗室赴臺參四
給賜南班宗室五
賜親賢宅絹帛
命訓宗室名六
〔詔〕增南班宗室食米八
令所在宗子入學十三
定宗學生額〔十四〕
許宗室任行在官十四
秦檜乞置宗學
喜宗子多讀書廿三

重修宗學廿七　嚴宗室磨勘法孝宗卅二
罷紹興府宗司乾道七　宗司建置本末
行宗室銓試法八　不許陞降服屬淳熙二
不欲宗室近屬作郡八

公主

戒皇孫女執婦道孝宗淳熙十

皇太后

尊隆祐太后高宗建炎元　奉養隆祐太后四
隆祐太后崩紹興元　論昭慈后誣謗三　即隆祐后
太后聰明有遠慮十二　太后善治宮中事十三
慈寧太后崩廿九

皇后

立貴妃爲皇后高宗紹興十三　追册皇后郭氏孝宗卅二
中宮以儉德聞淳熙三　中宮天資恭儉

外戚

衛膚敏論邢煥孟忠厚除授高宗建炎元
衛膚敏劉珏論孟忠厚
罷潘永思四
不用戚里管軍紹興元
三衙不用戚里
不假外戚恩澤三
留爵禄賞將士六
錢端禮逐館閣士孝宗乾道元
罷李道妄作二
張栻諫張說除簽樞七
莫濟周必大以張說罷
不許張默添差三
不許張闡禮添差六
后族不任侍從二
不私戚里
不私幸淵差遣
罷潘永思
不私后族
上待國戚得體廿五
陳俊卿言端禮出
不差戚里充環衛三
張說復除簽樞八
竄張說等淳熙二
后族裁減恩澤
不許劉允中添差十四

譜系玉牒附

編次玉牒高宗紹興二
上屬籍總要五
重修玉牒十一
作玉牒所二十
進三祖仙源類譜二七
上仙源積慶圖廿八
林邵進真宗玉牒孝宗乾道元
奉安玉牒積慶圖三
訓宗室名淳熙元
進呈類譜玉牒五
進仁哲宗玉牒七

官職門

官制

省併中外官高宗建炎元
減罷尚書左右丞三
省併朝官
將臣兼兩鎮之始
復給敕告四
許百官旬休紹興元
非軍功不遷横行二
大臣子除職之始
職事官復權郎
御筆除從官之始

走馬承受不復除三
重定給告敕制四
改晝日供職指揮
大將子任職事官七
臣僚陳轉官六事孝宗卅二
除郎先令上殿
中都官不分清濁
修正三公三少法八
官名去左右字淳熙元
小官不許再任
職事官有闕方除
乾淳重定武階
用人不分清濁十
重忠佐轉資十四

改官許注教官
立按發欺庇法五
京局改官並罷任六
管軍始除保傅十二
重閤門之職隆興二
不歷郡不除郎乾道（三）〔二〕
職事官不待闕五
立武臣遷轉正法
定補外帶職法二
守閤門得郡資格四
執政減年守舊法
執政臺諫子與祠七
重閤門之選十三
武臣關陞法嚴

俸給

添職事官職錢高宗紹興元
增茶湯錢三
官吏權減俸五
職事官給米六
不許援例添請孝宗卅二

職田

罷(供)〔借〕職田高宗建炎二
職田不許增(置)〔直〕紹興卅
不許折納孝宗卅二
給還職田隆興元
職田止理正色乾道八
不許四川借職田淳熙三

銓選

始討論濫賞高宗建炎二
申命討論濫賞四
論守資格
以堂闕還吏部
論堂中取部闕
用人不限堂除紹興元
罷討論濫賞
減堂除還吏部二
免上書人審量
席益言銓法三
詔革注擬弊
注擬增民事律六

聞赴部所費極多七
分堂部守倅闕
堂部窠闕復舊
審量之法盡廢十
不改犯民事條十九
改官並實歷親民廿六
劉珙革吏姦三十
限選人改官員孝宗隆興元
論銓注三弊二
論減年磨勘弊
引見初改官人乾道二
選材不較資格
重定改官員額三
詔勿以例廢法淳熙十二

考課

定知縣考數高宗建炎二
以户數考守令紹興三
左右司考郎官治狀四
考校監司守令六
立考察監司法廿八
申明批書法孝宗乾道二

薦舉

審察舉人高宗建炎元
詔文武臣舉官二
審察舉人
命舉才術之士三
執政乞舉大用之才
舉智謀武藝官

命舉縣令紹興元
宣示陳襄薦章
命薦中原士大夫二
胡安國薦朱震
陞擢宣諭所薦人
朱異薦林安宅
宣諭明橐薦布衣
劉大中薦士知名
復司馬光十科
命趙鼎薦人才
孫佑薦布衣王蘋
詔舉監司守令
沈與求薦錢葉
前宰執〔不〕理爲職司
舉勇力權略士七
從官互舉其子
坐舉官礙格罪
詔舉將帥
宣諭使朱異薦官三
宣諭劉大中薦官
朱異薦李郁等
劉大中薦李椿年等
明橐薦董弅等
命武臣舉自代四
謝克家薦布衣江袤
行十科薦士法五
館職但許舉縣令
趙鼎以薦舉乞罷
席益薦士知名六
申嚴薦舉之罰

舉才堪大縣人
命户部長貳舉官九
詔舉將帥十
觀所薦可以知人十六
論改舉之弊二四
舉官不避親故
革鬻舉貿易弊
舉宗室京朝官二七
論薦蜀士
舉武臣有勞效人
乞論薦武臣二九
詔舉守臣三十
詔内外官薦士卅一
立受京削法
詔舉可備使命
命從官舉監司郡守
詔侍從薦士
安撫舉狀理職司十五
論踰越放散之弊廿二
命舉知通狀二六
置（八）〔六〕科以舉士
嚴舉官令
召從官所舉人才
罷張祁薦人之謬
薦人並令引對二八
詔舉將帥
詔舉郡守縣令
論薦舉人才
詔舉監司郡守卅二
詔舉蜀中都運孝宗

詔舉監司郡守
用薦舉人才
汪澈以繆舉自劾
大明舉主賞罰
劉凱失舉降官六
六部長貳不理職司
舉邊帥之才九
不以薦主去留人才
拔十得五四
錢良臣失舉自劾六
柴瑾以欺誕落職
詔舉監司九
舉武臣充副使
戒飭薦舉受私
罰謬舉曾桀罪十二
置十科舉武官隆興元
寬薦舉同罪法乾道二
命諸帥薦部曲
薦舉武舉及第人五
許克昌論謬薦七
詔統兵官舉人
治薦舉不當罪淳熙元
公舉監司郡守三
詔舉臺官五
罷樊仁遠謬舉
薦舉職事官八
立免舉主法十
不限薦武臣員數十一
罰程大昌等繆舉
治干求薦舉罪

罰謬舉陳德明罪十三

任子

諸將以文資蔭子高宗紹興元
許大臣蔭期親二
非使相以文資蔭子四
定蔭銓試法六
重定銓試法十一
武臣子召試换文十二
寬任子法二八
嚴任子銓試法孝宗隆興元
申嚴〔任子〕銓試法乾道二
嚴異姓恩澤法淳熙六
減任子(法)〔數〕九
不許武臣免呈試十五

録後

録元祐黨子孫高宗建炎四
録趙普子孫紹興元
録張九齡孫
擢直臣鄒浩子三
録六朝勳臣子孫
元符邪等人任子五
録顔真卿後
録司馬光後六
録邵雍後八
録岳飛後孝宗卅二
録范質後淳熙八
録中興節義後十五

久任

監司守倅任三年高宗建炎四

鄭剛中乞久任邊守紹興八

周操乞久任百官孝宗卅二

莫濟乞久任乾道二

久任邊將牧守淳熙元

再任邊守三

胡寅言久任監司郡守（紹興五）

詔久任百官九

檢紹興久任詔隆興元

詔久任邊守三

用人在久任二

邊守不須久任（十）（十一）

均内外任

不歷縣令不除監司郎官高宗紹興元

不歷外任不爲侍從

優擢館職外任

從官須歷外任二六

置籍均内外任孝宗乾道元

在京官更迭補外淳熙元

人情重内輕外十二

詔均内外任（六）

論士夫須歷外任七

革内重外輕弊二八

重郎曹之選七

用人更出迭入十

清流品

軍功補右選高宗紹興二

不以將家居清望卅二

惜名器

不許乞空名告敕高宗建炎四

改正宋籛孫官五

寢德壽宫官吏濫恩孝宗隆興二

不可爲人擇官淳熙元

清入仕之源

不許門客理選限

論慶壽恩數十五

抑僥倖

關防奏辟之弊孝宗淳熙五

不啓僥倖之門十五

不許樂人出官十三

伎術官不換授孝宗乾道元

不以土木功轉官紹興四

爵禄不輕授十六

削遺表恩澤之濫三

不以進頌進職名七

名器不可假人九

嚴解帶恩例十二

褒贈

追復蘇軾官高宗建炎二
贈陳東歐陽澈官三
祭陳東張慤墓
贈謚楊邦乂
贈常安民江公望官
封謚吕公著等
中命追贈黨籍
賜陳東家錢
贈恤陳東歐陽澈
贈邵伯温官
命南劍〔州〕祀陳瓘
追復張所官九
贈謚張浚孝宗隆興二
嚴定謚賜謚法八
贈謚宗澤
贈馬伸官
賜陳東家金
褒元祐忠賢四
篆韓忠彦碑
贈謚劉摯紹興元
贈蘇軾殿學
毁王安石舒王(浩)〔誥〕四
復贈馬伸官五
贈謚鄒浩六
褒贈吕祉七
陳瓘賜謚(三六)〔二六〕
贈王悦官乾道四
贈魏(挨)〔挨〕之官淳熙三

賜謚更不命詞

宰相 宰執附

宰相復兼樞使 高宗建炎四
命大臣諸將會食 紹興二
戒宰相勿親細事
論臺諫捃摭宰相 四
命大臣按官吏 五
論體貌大臣
胡寅言清中書之務
王縉論大臣不和 六
大臣臺諫一體 九
相賢則所薦皆賢 十五
宰相不兼樞使 二六
上論任大臣 二九
復命宰臣兼樞使 孝宗三二
戒大臣受私謁 隆興元
命大臣留意政事 二
勉大臣任事 乾道二
帶兼制國用使 八年罷
正丞相官名 八
論宰執當容物 淳熙二
中嚴大臣見客禁
令宰執勿畏讒毀 五
聽大臣避親嫌 六
諭大臣扶持公道 七
喻宰執留意大事 十三
乞禁宰執〔臺諫〕見客 十五

執政

執政兼御營使高宗建炎元

張慤知錢穀利害

葉夢得深曉財賦三

徐俯蔑視同列四

王庶言事激切

沈該万俟卨無建明廿五

葉義問(土)〔兔〕園樞密卅一

戒執政私第見客乾道二

戒執政徇私淳熙元

執政皆有親兵

張慤立朝大臣節二

簽樞與執政鈞禮紹興三

稱王庶大臣才八

王庶待諸將威嚴

命接賓客詢訪二六

王之望軍中除拜孝宗隆興二

參政同知國用事八年罷

三省

三省合爲一高宗建炎三

鑄三省銀印

罷檢正置左右司

清煩碎事務孝宗乾道六

復置兩省檢正

與密院同奏事四

復置檢正紹興二

立三省密院奏審法淳熙四

命令經由三省八

密院

分御營歸密院高宗建炎二

鑄密院銀印

罷御營歸密院

置密院幹官

復置承旨紹興元

定計議編修改官法

政府樞府合爲一五

罷計議官十一

密院文書始畫黄孝宗乾道二

命密院公心差除淳熙元

審察離軍人

六部

復置權侍郎高宗建炎四

置檢詳減編修官三

趙鼎正西府體四

始除檢詳官

改幹官爲計議

樞密院效士二

都承旨始除文臣

復置樞副七

祖宗不改密院意二九

樞密院密白

立三省密院奏審法四

不廢審察之法

置監門官紹興二

復置架閣庫三
三省細務歸六曹四
命六曹守格法五
論六部不任事六
論六部不任事七
復架閣官四員十五
乞命六察糾六房孝宗卅二

臺諫

黃潛善引用張浚高宗建炎元
張浚累攻李綱
衛膚敏言三事四事
馬伸論汪黃二
張澂攻罷汪黃〔三〕
鄭（殼）〔縠〕論苗劉事三
貶袁植請殺戮
趙鼎呂祉除臺官
呂祉論聰明進三策
張守等攻梁揚祖
諫院始不隸後省
得趙鼎朝廷尊
中丞臺綱所係
趙鼎三月言四十事
嘉趙鼎敢言
賞富直柔敢諫
沈與求論執政過失
趙鼎論呂頤浩四
沈與求論天變
江躋論天變甚悉

吳表臣論潘永思
臺諫不當薦官
韓璜論汪伯彦紹興元
命六察糾百司
沈與求攻范宗尹
沈與求攻朱勝非
諫官置局
沈與求乞盡誠二
除諫官賜出身
命徐俯非時奏事
檢察三省六曹三
（辛炳）〔常同〕劾呂頤浩十罪
常同論諸司不隸臺察
論臺諫當務大體
辛炳論用人（之）〔三〕弊
常同劾不才監司四
趙霈得諫臣體五
田如鼇以排詆罷
論擇臺臣
張絢劾楊沂中
趙霈雞鴨諫議
王縉諫取青（緑）〔碌〕瑇瑁六
王縉論地震事
劉長源言十二事
陳公輔得諫臣體
陳公輔攻張九成七
常同論大臣抑言路八
辛次膺劾秦檜
常同攻劉子羽
常同以援潘良貴貶

廖剛思大體九
楊愿附會言士風十四
湯鵬舉薦臺官廿五
湯鵬舉攻張浚
杜莘老留陳俊卿
任古按孟思恭孝宗卅二
罷臺諫風聞失實乾道二
單時諫擊毬飲酒五
許六察隨事彈奏八
臺察以舉職遷官淳熙(二)〔三〕
謝廓然中除臺官攻龔茂良
朝廷與臺諫不同
復除中丞十
置左右補闕拾遺十五
李文會附會言仁義十三
鄭仲熊論事阿附二三
臺察官具員二六
賞陳俊卿敢言三一
杜莘老骨鯁敢言
胡銓辨臺諫賣直隆興元
戒臺諫受短卷三
命臺諫舉職六
陳升卿賜出身入臺九
應材言臺諫之職四
察官察事之效七
遵守分隸六察法八
李椿論臺諫
乞禁臺諫見客

給舍

劉珏繳黃潛厚高宗建炎元

富直柔駁王繼先四

胡安國(敬)〔攻〕朱勝非紹興二

孫近論給舍失職三

除職事官不經給舍

獎諭胡寅五

潘良貴叱向子諲八

中書復除舍人二六

復除給事中廿七

楊椿封還推恩詔廿九

洪遵言推恩事

論給舍職事卅一

劉珙繳楊存中卅二

金安節繳駁二事孝宗

命金安節繳駁隆興元

不許胡銓辭繳駁

正給舍之職〔乾道〕五

命胡沂繳駁

命給舍舉職六

林光朝繳謝廓然淳熙四

詔誥給舍六

許繳駁諸路臧否〔十二〕

兩制

告令不須詞臣高宗建炎元

汪藻草迎立詔書

朱勝非辭氣嚴重

汪藻草高麗詔得體三

惡席益赦文夸大紹興元
王居正草贈東澈制四
胡寅論詞臣好惡五
詞臣不由科第
呂本中草趙鼎制八
胡交修三入翰林九
汪藻工於儷語廿四
周必大有掌誥才廿七
劉珙詞氣激烈卅一
洪遵草朱倬制卅二
洪适赦文失國體孝宗隆興二

書殿

復學士名高宗建炎二

閣職

置敷文閣高宗紹興十
置煥章閣孝宗淳熙十五

館職

復秘書省高宗紹興元
復召試館職
初置著作官二
召試洪興祖等
增秘書省官四
增爲十八員五
復召試館職三十
上喜周必大策

館職不定員孝宗卅二

定秘〔書〕省員額隆興元

館職不限員二

館職更迭補外乾道元

鄭鑑除校書〔郎〕〔淳熙〕三

記注

許〔記注〕直前奏事紹興三

缺請録聖語高宗建炎二

詔書所聞聖語淳熙八

胡銓奏史職四事孝宗隆興元

史官

復置史館三

秘書長貳修日曆高宗紹興元

初置史館校勘

范沖辭修史不允四

分命監修提舉官

罷史館十

論史官才難卅一

復令密院録聖語廿六

史官兼才學識孝宗乾道三

講官

鑄紹興經筵印

除侍讀侍講高宗紹興二

復翰林侍讀六

范沖朱震侍講五

復命從官講讀廿六
命經筵官宿值孝宗隆興元
留胡銓侍經筵乾道六〔七〕
史〔漢〕〔浩〕侍讀淳熙四

學官

初除太學官高宗紹興十二
選學官先德行
初除博士員十三
師儒選心術正人
增太學正録廿六
黄中爲司業廿八
陳棠乞增博士員卅一
學官不定員孝宗卅二

寺監

復太府寺丞高宗紹興元
乞減〔諸路〕屬官〔復寺監〕三
復置寺監官
復將作軍器監官十一
復鴻臚寺廿五
復將作監孝宗乾道七
卿少不並除淳熙十一

院轄

六院左藏復堂除高宗紹興五
六院不入雜壓孝宗淳熙四
革文思院三弊十二

東宮官

除建王府官高宗紹興三十
置東宮官卅二
朱熹言東宮官淳熙十五

王宮官

復大小學教授高宗紹興五
以蘇符代范沖六
黃中不附龍大淵廿六

奉使

遣使宣諭諸路高宗紹興二
薛徽言便宜賑濟三
不喜宣諭多興獄
禁宣諭擅用錢物
不喜劉大中興獄

史浩講周禮酒正
選太子僚屬孝宗乾道七
范沖朱震充府僚
趙逵兩王府教授廿五
宣諭五使入見
宣諭使薦人才見薦舉類
薛徽言奏罷黃陛等
宣諭使舉劾大數四
汪澈宣諭京湖卅一

國信使

宋汝爲不屈高宗建炎三　洪皓不屈四
宇文虛中死事紹興十五　巫伋投書而還廿一
盧仲賢辱命孝宗隆興元　莫濛不屈乾道八
湯邦彥辱命淳熙三　邢（濛）〔璞〕不辱命十四
嘉京鏜專對十五　鄭僑不辱命

藩鎮

置帥府要郡高宗建炎元　詔建藩鎮四
漸廢鎮撫使　論趙普平藩鎮功紹興二
命鎮撫受安撫節制三　陳規七年賊不犯
罷鎮撫使　諸路鎮撫盡罷五

開封尹

宗澤拘虜使高宗建炎元　竄留守范訥
詔遷虜使澤不奉詔　賜宗澤衣帶
許景衡辨宗澤謗　宗澤至河北視師

宗澤戮李景良等二

宗澤戮趙世隆

三學爲文哭宗澤

諸將叛杜充

上官悟權留守三

王倫留守東京〔紹興〕九

孟庾留守東京十

京尹

韓世忠逐連南夫高宗建炎三

命宋煇盡心獄訟紹興二

面諭蔡嶷三事廿六

留守

孟庾留守行宫高宗紹興四

吕頤浩留守臨安七

湯思退留守臨安卅一

宗澤與虜爭滑州

宇文虛中歸虜使

杜充反宗澤所爲

杜充襲張用不克〔三〕

上官悟斬劉豫使

不許郭仲荀兵糧

湯東野戢戍兵

張澄得時譽八

孟庾秦檜留守六

始以庶官守建康十九

張浚判建康卅二

帥臣

胡舜陟斬范瓊卒高宗建炎三
浙西帥司移鎮江
康允之棄臨安遁
竄帥臣周望遁走罪四
罷帶制置安撫
吕頤浩等帥江浙
江東西帥復舊治紹興元
李綱帥湖廣〔二〕
李綱申請條件二
趙鼎建康之政
胡舜陟廬州之政三
吕祉庶官帥建康
趙鼎洪州之政四
〔趙普〕〔邵溥〕按吏振職五
李綱帥江西
朝士始帥川陝
寒食日引見李綱六
趙鼎經理紹興府
擇廣帥須廉吏孝宗隆興元
王之奇帥淮南乾道九　明年罷
張栻經理邕管淳熙二
陳俊卿劉珙盡職四
張栻再任廣西五
儆諸路監司帥臣六
張栻廣西之政七
張栻湖北之政
鞏湘再任廣州十
帥臣不可輕授

趙汝愚〔等〕再任十一
擇任帥臣

監司

復諸路常平官高宗建炎二
江南運司合爲一四
復廣東提舉
復江西提舉
命提刑兼提舉三
罷江浙轉運司
不許具闕乞差
常平併入茶鹽司五
許不避本貫七
向子忞湖北之政十
置福建茶事提舉
提舉復領常平十五

治不臧否守臣罪十二
程叔達再任〔十三〕〔十一〕
罷復置提舉三
四川監司始敕除紹興元
監司不任本貫二
福建漕憲移治
兩淮始命監司
福建漕憲復舊治
罷廣西茶鹽司四
胡寅言勿避户貫
淮東復置提舉九
論監司不按吏十二
治監司失按罪十三
提舉（始）〔復〕爲監司

謹擇監司十六
(陳)〔路〕彬以奏事除職二十
戒飭監司廿一
命監司躬歷所部廿六
論監司互察弊
論監司不舉職
治監司失按罪
監司非養痾地廿八
楊民望言監司三弊卅一
立監司失按法
論監司不按吏卅二
禁掊克送胥吏孝宗乾道元
責張師顏苞苴
約束監司巡按五
復令避本貫
郎官迭補監司六
漕司政事之序〔六〕
復置武提刑
詔戒監司九
擇邊地監司淳熙三
禁監司交遺受餽
儆諸路監司帥臣六
論監司臧否得失九
不以蜀人充本路監司十一
治旱澇失按劾罪
天下全賴好監司十二
治不臧否守臣罪
革監司巡歷之擾
命監司按舉
論監司須擇人

擇人爲江淮漕　岳霖再任運判十三
王師愈再任運判　罰馬大同臧否留滯十四

總領

總領名官之始高宗紹興三　總領官始正名十一
置四川總領十五　兩總餉軍無闕卅二
罷淮東總所孝宗乾道六　是冬復　錢良臣結托近習淳熙三
三總司苞苴之弊　點磨四川財用四

監司郡守

詔擇監司郡守高宗紹興五　謹選監司郡守六
銓量監司守貳　詔舉監司郡守七
監司郡守須歷縣　進官不當歸大將八
令監司郡守同濟國十一　擇監司郡守十六
詔戒監司郡守十七　詔監司守臣奏民事十九
久任監司郡守廿七　詔監司郡守舉劾
上留意監司郡守　汰老病人

嚴失按罪廿八
修司馬光舉按八條廿九
選監司郡守三十
詔劾失按察罪
御屏列姓名孝宗乾道元
命奏事訖之任
命按察州縣四
嚴監司郡守選〔五〕
乞留意遠地六
遴選監司郡守淳熙五
川官差遣八
詔宰相擇監司郡守九
監司郡守不理資序十二

郡守

論擇郡守高宗建炎二
乞引對郡守紹興二
郡守民之師帥
趙不〔群〕再任五
久任江淮守臣六
郡守不肯任宮祠七
黜郡守（椅）〔掊〕斂
不用武（用）〔臣〕作郡九
漸易荊襄守臣十一
擢循良郡守十三
黜郡守昏老十三
命昏耄者予祠十七
張九成溫州之政廿六
議久任郡守

田孝孫除職

歷縣人方與郡

郡守年七十與祠卅二

詔郡守成任隆興元

命文武守臣上殿乾道〔元〕

李信父言五弊二

詔監司郡守臧否五

戒守臣擾百姓

以賑濟比較賞罰〔十〕〔七〕

州官

罷新置教授高宗建炎三

初改官不堂除通判六

置四川學官十

縣令

論擇縣令高宗建炎四

詔蜀中擇守

不數易郡守〔廿七〕

詔臧否列郡守孝宗〔淳熙八〕

不輕授親民官二

王悦衢州之政四

以政平訟理爲臧否

命守臣劾貪懦六

論郡守掊克慘毒淳熙四

復諸州學官紹興二

復淮南學官九

選差諸州教官十二

京官知縣並堂除紹興元

論縣令不得人三
趙霈乞擇縣令五
論縣令得人
呂大周增户之賞
定四十大邑六
責趙涣之
李德鄰留心民事七
李朝正遷官遺還
朝廷主張能吏
武臣不宜治民
詔守臣舉所部縣令
縣令不可庸繆十五
陳鼎有惠愛
改官並注知縣
嚴知縣賞罰
張衲乞擇縣令
覈實賞罰二縣令
林季仲乞重縣令〔選〕
胡寅言重縣令
黄祖舜乞堂除縣令
四十大邑堂除
張鼎改秩除劇縣十
使監司郡守易縣令
孔括轉官再任十三
命審察縣令十四
命舉劾縣令
禁縣令掊斂科率十六
擢縣令有治狀者十七
(缺)不職者予祠十八
乞拔擢縣令廿六

改官先注知縣廿七
進常褈官
請大縣闕爲堂除廿八
詔薦知縣政績廿九
還胡堅常官三十
知縣不職者兩易
許對換縣令孝宗隆興元
歲考縣令之課
縣令以辦錢爲急乾道六
知縣以三年爲任淳熙二
守改官作縣法八
論武臣難作縣十一
不許大縣歸堂闕十三
縣令遭彈不再任十五

縣官

廢武尉高宗紹興三

兵官

置諸路分總管高宗紹興五
命諸路兵官上殿孝宗乾道元
去兵官冗員九
選用沿海巡檢淳熙十四

添差

論添差官弊高宗紹興二
論武臣添差弊三
辛炳論添差弊
減州縣添差額

革添差官弊廿五
不與潛邸人添差四
不許張闡禮添差六
罷軍中添差十四
不許張默添差孝宗淳熙三
不許鄭亘古添差
裁添差員數
不許戚里添差

攝官

罷二廣攝官孝宗淳熙六
定二廣攝官試格十二

吏職

減六曹吏員高宗建炎三
不許注巡尉紹興二
洪擬言吏强官弱
寢胥吏濫恩孝宗卅二
責錢端禮不制吏乾道元
省諸司吏員六
乞罷溢額吏人十三
省吏改易文字十四
定三省吏額
誅贓吏樂振
裁減吏額廿六
禁省部吏受賂
編管謝褒
省冗吏當以漸淳熙十二
裁減吏額以漸
減百司冗食十五

宦寺

內侍康履用事高宗建炎元
復用李志道不果
罷教坊職名二
康履妄作威福召變三
因民言約束內（寺）〔侍〕紹興四
貶馮益交關外事六
不少假貸近習
論內侍用事弊十二
龍大淵親幸普安二六
張震論內臣養子孝宗卅二
寵龍大淵曾覿隆興元
不許近侍達邊奏
龔茂良言近習害政
以言大淵覿出茂良
不許見統兵官
容機落致仕復罷
却內侍擬獎諭詔
禁內侍交兵官預朝政
不假宦寺權五
鄭諶除命不行七
宦者始賜謚九
內侍不可預薦人十三
配蔣堯輔廿八
金安節繳成彥忠
以大淵覿除命罷給諫
以論大淵覿罷劉度二
言者論罷梁珂
逐曾覿龍大淵乾道二

禁兵官交結内侍三
龍大淵死欲召曾覿四
陳俊卿諫召曾覿
俊卿罷乃召曾覿六
曾覿建節使相保傅
治内侍請求罪
曾覿開府儀同三司淳熙元
近習營救錢良臣三
嚴内侍寄資法四
龔茂良忤曾覿竄死
上從諫疏近習五
劉珙遺表言近習
朱熹言近習害政七
惡梁季珩結内侍
不許内侍預軍事八
朱熹言近習干政
竄陳源及其黨十
治内侍子代筆罪
李椿言閹(官)〔寺〕之盛
治行賂内侍罪十二
朱熹論近習之害十五

祠禄

論監嶽之冗高宗紹興五
更堂除宮觀法六

人才門

人材

元祐人子孫失教 高宗紹興二

元祐黨不皆賢 三　論人才皆可觀 五

因引對而得人才 六　論祖宗教養人才 十三

上愛惜人才 二十六　輔臣留意人才 孝宗乾道元

士夫須諳練疏通 九　士夫知道者少 〔淳熙二〕

作成人才

戒熊克性緩 孝宗淳熙十一

文武才

陳誠之文人知兵 高宗紹興（十八）〔廿八〕

虞允文虜廷射中 三十　虞允文捷于采石 三十一

喜劉珙儒臣〔能〕了事 孝宗乾道（三）〔二〕

風土人才

論蜀中多士高宗紹興〔七〕
論蜀人能文二十六
論北人負國孝宗乾道元

忠義

張愨稱宗澤忠義高宗建炎元
唐重以書別父
胡紡欲以死守城三
李易母不肯避寇
吕頤浩忠節
趙立知徐州
宋汝爲奉使不屈
朱蹕扶傷擊賊
趙立入(蔡)〔楚〕州
趙立斬葛進劉偲四
趙立忠義之聲
趙立受圍
命劉岳援楚州
趙立與虜索戰
趙立功比張許
洪皓奉使不屈
王寵不汙僞命紹興三
張浚服李綱忠義四
洪皓密奏虜中事十一
洪皓忠義之報十二
洪皓自虜歸十三

優賜洪皓
旌劉師顏父子孝宗乾道六
頒忠義傳淳熙八
乞獎節義之士〔十二〕

名節

王庶論名節高宗紹興六

死節

种廣等死（虜）〔陝州〕高宗建炎元
屈堅死虜
贈李若水官
張叔夜死虜
郝仲連死河中府
贈霍安國官
詢訪死節
盧臣中叱賊墜水
唐重等死長安〔二〕
劉汲死鄧州二
孫昭遠死河南府
趙伯振死鄭州
周中韓浩死濰州
陸有常〔等〕死臨淄
張侃死益都
丁興宗死千乘縣
孫默死潁昌
閻中立戰死
張撝死滑州
郭贇死蔡州

向子韶死淮寧府
翟進戰死
王棣等死虜
姜剛〔之〕死棣州
王復死徐州 三
徐徽言孫昂死晉寧
趙令㞩等死黃州
潘振死溧水縣
胡唐老死戚方
唐琦擊虜不中死
李彥仙死陝府 四
黃琮等死澧州
劉晏死於戚方
閭勍以不降死
進士龔楫襲虜死
單某死冀州
魏彥明死延安
趙叔皎死德州
郭永死北京
張遇死漣水
録用忠義死節子孫
盛修己死宿州
楊邦(又)〔乂〕罵虜死
朱蹕死虜
曾(克)〔悳〕死越州
趙士醫死秀州
錢(杲)〔景〕死桃源縣
宋昌祚等死和州
渠成死于劉超
士人蔣子春罵虜死

趙立死楚州
趙壁等死天水縣紹興元
范旺死賊
王俊死鄧州
趙令戣死漢陽二
胡思忠死叛兵
崔增死於楊么三
國(凰)〔鳳〕卿死濠州四
舒繼明死信陽軍五
牛皓等死虜
吳琪妻譚氏節操
死節並賜謚
扈舉臣等死唐州六
易青死賊
吕祉死於叛將七
王慥死拱州十
王忠植死虜
宇文虛中死虜十五
楊(文)〔存〕中父祖死難孝宗乾道元
贈謚司馬朴六
傅察賜謚八
旌(温)〔强〕霓(温)〔强〕震死節淳熙五
宇文虛中恩澤十一

剛直

傅亮勁直高宗建炎元
許景衡正色直言二
林季仲直言得責紹興八
張九成折秦檜

喻汝礪不答秦檜九
喻汝礪謝表十
胡寧折秦檜十八
魏掞之譙章傑二十
李燾有臺諫風二十一
高閌不附秦檜二十三
張九成卒怒丁謂奸邪二十九
黃中責難于君三十二
録不畏强禦之臣孝宗
黃中知無（公）〔不〕言乾道六
李椿張掄争列銜淳熙十

公正

張九成不知有宰相高宗紹興三
胡憲不屈長吏二十二
李椿不附張説孝宗淳熙十
李椿不謁承受

誠信

宗澤披心動人高宗建炎二

精明

孫道夫水晶燈籠高宗紹興二十四

恬退

擢黄叔敖高宗紹興元
張九成辭職名六
除梁弁閣職十三
陳剛不復仕十六
劉子翬棄人事十七
章元振不干秦檜二十五
黄中久官州縣
黄貢不請改秩二十六
獎鮑彪恬退三十
張燾告老
獎詹叔善知止孝宗隆興二
柴瑾除臺官淳熙三

先見

陳沖用不賀李綱高宗紹興二
晏敦復言姦人相八
向子忞知秦檜姦邪十
黄中預料虜情孝宗乾道六

清介

李朴不仕蔡京高宗建炎二

廉潔

韓世忠持身廉高宗紹興九

旌廉吏

王庭秀乞擢廉吏高宗紹興三
旌孫諭以勸廉吏六
舉張（燾）〔熹〕充廉吏十一
詔舉廉吏孝宗淳熙十

隱逸

召張自牧高宗建炎元
召張大檝七
賜郭雍處士號
授林彖官
召馬（浦）〔俌〕不至〔六〕
張志行賜處士號紹興三
詔舉遺逸孝宗隆興元
召魏掞之乾道四
召雍山不至淳熙四

士風

論毀譽不公孝宗隆興元
詔戒士夫四弊乾道三
詔戒士夫風俗六
論士夫風俗未醇八
論士夫議論不公二
張栻言誕謾之風五
士夫不當言風俗
詔戒士夫風俗淳熙元

戒士夫用術數　戒士夫清議二
戒士夫朋比四　革請託之風五
朱熹言風俗之弊十五

奸邪

論賣國罪高宗建炎元　追貶蔡確等
竄徐秉哲　竄洪芻等八人
劉觀乞籍奸黨　詔罷編籍指揮二
季陵乞敘用奸黨四　撤季陵轉對榜罷之
論蔡（京）〔卞〕奸邪　王安石壞人心術紹興四
追貶章蔡五　陶愷以主紹述斥六
言者攻貶陶愷　奸邪有源流
劉長源乞敘奸黨　長源罪過於陶愷
常同論曾布正論八　根刷蔡攸家屬十四
論尹穡王逨奸邪孝宗乾道元
王（弗）〔茀〕論國是助錢端禮

佞諛

黜張悫諂諛高宗建炎三
惡周元曜諂諛
罷劉汶諂諛孝宗隆興元
抑滕瑞獻諛乾道八

恩倖

竄王繼先高宗紹興三十一
不許繼先還行在孝宗卅二

奔競

詔戒奔競高宗紹興三
胡寅論士夫奔競五
王縉言士風貪冒六
士風奔競二十六
不許換易差遣孝宗乾道元
論奔競壞氣節淳熙元
申嚴換易差遣指揮

貪汙

黃達如贓汙鉅萬高宗紹興十四

治贓吏

籍記贓吏高宗建炎二
詔籍没贓吏
發擿贓吏爲殿最三
汪（漢）〔藻〕乞治贓吏四

論贓吏科斂害民
許越訴贓吏
刺配孫咸
〔贓〕官不帶左右字紹興元
犯贓許越訴
不殺贓吏
選人(亦)〔犯贓〕不帶左右字二
竄王鮪自是罕黥配三
斷贓吏鏤版行下
編管王聲
議宣諭劾贓吏罪
罪至死者籍其貲四
詔稽查贓吏犯法
編(孝)〔管〕吕應問
顔爲勒停五
配黄大本
吕本中請不黥贓吏六
監司失按贓吏降官十三
乞監司郡守按貪吏二十五
竄鄒栩
犯贓重作行遣二十六
犯贓罪舉主
檢會真(宗)決贓吏法
詔戒汙吏
竄張子華二十七
竄吴名世
禁苞苴交結二十九
罷孟思恭交賂孝宗三十二
贓吏不可復用三十

竟治陸廉公事
乞不收敘贓吏
籍配陸廉隆興元
不收敘第一等贓
戒敕贓吏二
牙牌記六曹贓吏乾道元
配李允升二
配石敦義三
竄曾造配皇甫謹六
估籍魏壽卿淳熙元
治苞苴受賂罪
嚴賣澤受賂禁
竄余永錫五
竄茹驤六
詔戒貪吏十
治曾棨贓罪十二
治監司失按罪
貪汙人不與差遣
配陳德明〔十三〕

失節

李棁陳邦〔昌〕〔光〕降虜高宗建炎三
李鄴投拜
孟庾降虜紹興十

叛臣

宰相杜充降虜高宗建炎四
施逵編管紹興二

施逵奔降劉豫
君子小人
小人可任於外高宗建炎四
勿用小人四
論進君子去小人五
趙鼎論君子小人七
賀允中論君子小人二十八
何溥言君子小人三十一
用材在辨邪正乾道四
崇觀以後君子小人六
朋黨
銷弭朋黨高宗建炎四
上戒朋黨七
不逐罷相所薦人二十七
用人不可分黨孝宗淳熙二
徐文降僞齊三
小人既知不可用紹興元
上論君子小人
張浚辨君子小人
辨君子小人九
寶訓論君子小人孝宗卅二
論才德之辨五
辨真僞邪正八
詔戒朋比紹興二
不疑宰相朋黨九
朋黨不難破〔孝宗乾道九〕
與史浩論朋黨五

主聽聰則無朋黨九
論唐牛李黨十四

獻議

宗澤獻五事高宗建炎元
曹輔陳五事
宗澤入對上三事
胡寅上疏言七策三
權邦彥中興十議紹興二
胡寅應詔論十事
金安節獻三事五
王九齡言五事
李椿年言三弊
謝惇德獻六策
胡寅言六事
李綱言五事六
王庶獻論十六篇
李綱言十五事七
蔣將論十事
黃中言十要道孝宗乾道六
鄭湜奏二事光宗附淳熙十六

言事

李綱言時事高宗建炎元
張燾應詔言事三
張守言應天以實
季陵劉珏言事
趙鼎言新法紹述
胡安國上制國論紹興二

胡安國時政論又五
胡寅論邪説五
張戒上書直言
詹叔霆平定策六
胡銓劉珙言弭災孝宗隆興元
楊甲獻萬言書淳熙九

禮樂門

禮儀

立春復故事高宗紹興(十二)(十三)
頒鄉飲酒儀
聖節復舊儀
初行大朝會禮十五
初籍千畝
行躬耕籍田禮十六
申明鄉飲之制十七
黄中駁正喪禮二十九
黄中駁正喪禮三十二
議略去繁文孝宗乾道七
正孟享朝獻位八
討論太子入學儀
肅朝儀淳熙二
論籍田頃畝四
頒釋奠儀七

制禮

議作禮器高宗紹興十　新製禮器十五

觀新禮器十六

禮書

續太常因革禮高宗紹興元　編郊廟奉祀禮文〔八〕〔十九〕

編紹興正〔辭〕〔祠〕録二十七

作樂

肄習大樂高宗紹興十　却虞宰獻樂曲十一

復置教坊十四　作景鍾秦檜爲銘十六

撞景鍾奏新樂　製郊祀樂章二十八

罷均容班三十　黄中乞不用樂孝宗隆興元

陳俊卿奏散齋不用樂乾道三

郊祀

始郊上帝高宗建炎二　復合祭天地紹興元

(缺)冬至祀上帝　夏至祀皇地祇二

事天以誠質爲主十三
南郊備禮十六
始以祠官充五使十九
命官郊祀二十九
詔郊祀從省約孝宗隆興二
郊用正月上辛乾道元
郊遇雷雨望祭三
郊祀拋降之擾六
郊祀拋降詔
郊祀晴雨不常
郊祀免買象九
論郊祀催班太早淳熙十二
郊祀雨霽成禮

明堂

王普上明堂典禮高宗紹興四
祀徽宗以配上帝三十一
祀明堂
復太祖太宗並配
復合祭天地孝宗淳熙六
參照紹興典故十五
録明堂典禮

宗廟

建太廟景靈宮見定都類
黃中請祧祔高宗紹興三十一

祀典

復祀高禖高宗紹興元
初祀高禖
復祀五帝日月
復一歲五享禮
禮官條具祀禮七
孟夏始用兩日（九）〔十二〕
築高禖壇十六
親祠高禖十七
築九貴神壇
升祚德廟爲中祀二十二
升南仲配享武成六
議祫饗東嚮位淳熙元
定兩學從祀
減景靈宮用羊二
復祀大火三
行孟享禮五
祫享太廟
舉行大火之祀
（升）〔復〕釋奠爲大祀十
升降武成從祀
㊟建大德殿修其祀十八
復蜡祀十九
林栗等言祀禮孝宗乾道五
命武臣陪位觀禮
傅伯壽論武成從祀四
旱傷地不賜廟額十四

功臣配享

司馬光配享哲宗高宗建炎二　　罷王安石配享三
韓忠彦配享徽宗紹興八　　景靈繪功臣十八
將相配享高宗孝宗淳熙十五

大臣侍祠

特詔張俊侍祠高宗紹興七　　詔舊宰執侍祠孝宗淳熙九

儒學門

崇儒

孔玠襲封高宗紹興二　　孔端朝授正字
賜衍聖公家田八　　宣聖廟門增戟十三
毁藝圃折朿板　　奉安文宣王
出鎮圭奉先聖十四　　贊先聖七十二子
命（列）〔到〕官謁先聖　　綵繪先聖從祀二十三
孔搢襲封二十四　　特遷孔搢官三十

賜孔瑨官三十二

學校

初置監生博士高宗紹興三
學校風化之源十二
創太學國子監十三
高閌立類陞法
立學官生員額
監生給綾紙
增國學生員十五
上武學試格
不預薦者除其籍十八
議修武學定生員額
武學生給綾紙二十七
修太武學孝宗淳熙四
賜孔燦官孝宗乾道五
胡寅言學校之制
議復太學
高閌定課試法
立三年省親法
初補試監生
國子監置小學十四
復建武學十六
定三歲補監生法
增太學生員額二十六
士人不重舍選
聽舉人赴闕三十
立待補太學法

幸學

高閌請幸學高宗紹興十三
高閌再請幸學十四
幸學講書
胡寅移書責高閌
幸太武學孝宗淳熙四
刻幸學詔書
喜林光朝講義

州縣學

撥（還太學）〔贍學〕錢糧高宗紹興十三
知通帶主管學事
漕臣兼提舉學事十六
縣官兼教導十八
撥廢寺田入學二十一

書院

復白鹿洞書院孝宗淳熙八

藏書

校御府書籍高宗紹興二
訪四方遺書三
補四庫書五
訪求古書十
録陸（贄）〔寘〕家藏書十三
下諸州求遺書

復置書庫官
建秘閣右文殿
印諸州書籍十四
幸秘書省秘閣
録諸路書十五
國子監刻書二十一
求四川遺書孝宗（乾道）（淳熙）六
詔求遺書淳熙十三

獻書

賀廩獻（書）五千卷（得官）高宗紹興二
林儼獻（書）二千卷（得官）三

進書

進唐鑑訓典帝學書高宗建炎四
范沖上司馬光記聞（紹興）六
邵溥上伯温辨誣（十）（七）
司馬伋請毀記聞十五

修書

李綱三君紀要録高宗建炎元
王銍樞庭備檢四
林勳（獻）本政書三
張浚中興備覽五
鄧名世春秋譜紹興四
林（寶）（保）中興龜鑑七
計有功晉鑑

王（璆）〔漻〕進取事類
李昌言中興要覽八
張行成詢蕘書九
張本佑政編
王銍聖（孝）〔學〕通紀十四
鄭邦哲左氏韻類十六
吴瀣疆域志
胡寅讀史管見二十六
王稱東都事略（十一）〔十二〕

經説

胡安國春秋傳高宗紹興（六）〔五〕
王棐孝經（講）〔解〕義八
董自任春秋總鑑十二
王銍太元解義
上論經説得失十五

李時雨玉壘忠書
柴宗愈中興聖統
歐陽安永龜鑑十
何俌中興龜鑑十三
楊朴禮部韻括〔遺〕
王鎡戚里元龜
吴沆易元龜三墳
王日休九丘總要孝宗淳熙六

責環中不知尊王
吴曾左氏發揮十一
畢良史春秋正辭十三
蘇籀集諸儒經説十四
郭伸易解十六

吴適大衍圖辨十七　上論易非卜筮二十一
彭與易解等書二十七　黄祖舜論語解義三十二

歷代史

王琮不刊通鑑罷高宗建炎三　通鑑有益治道〔紹興〕六
王安石壞史學四

國史

修宣仁謗史高宗建炎元　太后明宣仁誣謗四
輪修時政記　何克忠獻太祖實録紹興元
修纂日曆　編元符以來詔旨二
補修建炎起居注三　議修神哲兩朝史四
遵昭慈意修史　吕聰問上吕公著碑
中興詔旨付史館　范沖論修史事
范沖條宣仁誣謗事　范沖進實録考異五
李綱上建炎時政記〔五〕　録聖語送修注官〔四〕
進重修神宗實録　上元帥府事蹟六

李沆上皇宋大典
命汪藻續編詔旨
范沖著實録辯誣
汪藻編詔旨成書七
實録褒貶自見
命改兩朝新録
趙鼎論改實録
修徽宗實録
哲宗實録成八
何掄以籤貼(國)〔舊〕史罷
汪藻編詔旨終篇
章氏訴史事九
續編會要
進徽宗實録十一
奉安中興聖統二十
續兩朝寶訓二十六
纂中興聖語
上神宗寶訓二十八
編邇英記注
修三朝正史
上徽宗實録
帶修起居注
李燾修公卿百官表二十九
議續會要三十一
編纂勳臣事迹孝宗三十二
修祥曦殿記注乾道二
進欽宗實録帝紀四
李燾上通鑑長編
中嚴記注舊文五

重修徽宗實録
隨月帶修記注九
進呈上皇日曆三
進呈今上會要六
李燾上續長編十
四朝國史成十三

科舉

類路省試高宗建炎元
親策進士
賜期集錢罷宴
流寓人附試
復銓試法
楊時稱張九成策
罷類省歸行在三
定省試差官例五
進呈會(同)〔要〕玉牒六九
李燾上兩朝長編淳熙二
進呈實録玉牒四
進四朝史志七
熊克上九朝通略十一
附淮南省試二
委任主司
子弟別試國子監四
川陝類省試紹興元
殿試取直言二
特賜進士出身
川陝類省如故四
黃中汪洋對策

川陝類省推恩
定牒試不實罪六
流寓漕司附試
仁宗奏文宣王諸賢
川陝赴殿給驛券
經賦各差考官七
策試效士
論文學政事兩科
諒闈榜首恩例八
川陝分類試額九
改(年)〔正〕科舉年分十
浙漕私取永嘉人十二
殿策附會時事
依舊分兩日唱名
川陝舉人用夏季十三
監(舉)〔學〕始降敕差官十四
復賜聞喜宴十七
禁漕舉行賂假手十八
舊舉人推恩之濫
殿策皆附會時事
減四川類省恩例
行鄉飲以取士十九
趙逵殿策附會(二十)〔二十一〕
定中秋日解試二十四
秦塤策毀道學
張孝祥策諛秦檜
曹冠策毀伊川
殿榜盡私親黨
趙逵不私符行中子
革科舉弊二十六

增諸州解額　詔選差試官
治銓試懷挾罪　禁挾書帶筆傳義
均定解額　罷鄉飲科舉法
不私權要親戚　上留意科舉
朝官親戚試中取旨二十七
殿試取鯁亮忠直　文武科皆得人
不許宗子免舉〔廿八〕　流寓附浙漕試二十九
罷監試任文薦三十　優淮南舉人三十一
論圖漕試之弊孝宗乾道元　楊甲對策忤旨淳熙二
革科舉弊四　賜進士射十一
定省試日光宗十六

科名

擢李〔易〕等高宗建炎二　擢張九成等紹興二
取詞科二人五　擢汪洋等賜名應辰
取詞科三人八　擢黃公度等〔及第〕

取詞科三人十二　擢陳誠之等
劉章等賜第十五　取詞科三人洪邁與焉
取詞科二人十八　擢王佐等易董德元
取詞科二人二十一　擢趙逵等
取詞科二人二十四　擢張孝祥等
取詞科周必大二十七　擢王十朋等
擢梁克家等三十　擢木待問等孝宗隆興元
擢蕭國梁等乾道二　擢鄭（喬）〔僑〕等五
擢黃定等八　擢詹騤等淳熙二
擢姚穎等五　擢黃由等八
擢衛涇等十一　擢王容等十四

科目

復明法科高宗建炎二　試學官用詩賦
復賢良科紹興元　初命引試刑法〔官〕
定賢良科式　詔置賢良科二

置博學宏詞科三
因災異舉賢良七
復試教官
罷明法科
詔舉制科孝宗乾道元二　四　七〔淳熙元〕
法科兼用經義
制舉題免出注疏十二
罷試教官五
洪皓二子中詞科十二
試教官不拘治經十五
詞科恩始殺十八
詔舉賢良淳熙七
舉賢良勿拘三年十一
試賢良不限人數

武舉

文武科得人高宗紹興二十七
用中武舉人孝宗隆興元
武舉取將帥才淳熙七
許武舉免解二十九
武舉始給黃牒乾道八

幼科

朱虎臣兄弟習文武高宗紹興二
萬頃賜官
軍校子應童科
惟召見習射者三
親試張揉

免解賜帛爲故事
梁璵賜帛免解六
江安國兄弟免解十一
戴松兄弟免解十五
童子無明顯者

舉業

分經賦各取士高宗建炎二
定銓法程文三
許用諸儒説及自生意七
許韓文出題八
春秋正經出題十三
經賦分爲二科十五
討論經賦取士法
取文不拘一家法二十六
(仁)〔優〕取經義

朱召虎賜帛罷遣五
江自昭賜帛罷遣
張岩叟兄弟免解十二
莊大成免解二十八
立試童子法

論經義不通史紹興三（五）
許用諸儒説五

不用王安石經義十二
禁用曲學臆説十四
經賦通融取人十六
申嚴不考格式十七
欲令士人兼經義
令兼習經賦二十七

三傳非釋經不出題三十
分經賦爲兩科三十一
不許用異端語孝宗乾道四
不許用王程説淳熙五

賜出身

賜徐俯出身高宗紹興二
賜尹穡陸游出身孝宗三二
賜錢端禮出身〔隆興二〕
賜王炎出身乾道四
賜王之奇出身八
賜陳升卿出身九
賜謝廓然出身淳熙四

學術

論王安石學術高宗紹興元
王安石得罪名教五

道學

召胡安國不至高宗建炎元
召譙定
伊洛門人本末
楊時入見乞講學
楊時兼侍講二
楊時告老
胡安國辭免得責
贈程頤制詞紹興元
秦檜薦安國〔紹興〕元
胡安國入對二

安國以攻朱勝非出
命胡安國知永州五
楊時卒
范沖薦尹焞
授尹焞官
尹焞辭命再召六
尹焞赴召
胡憲賜出身
范沖乞宮觀
陳公輔乞禁伊川學
黃次山告訐董弅七
朱震求去之晚
胡安國辨伊川學
呂祉論程頤學
召胡安國
惡黃次山
張浚薦尹焞七
尹焞以禁伊川學辭
陳公輔攻胡安國
朱松赴召論事
催召尹焞
尹焞再辭除命
治刊伊川集罪
尹焞入講筵
尹焞齋沐告君
胡安國卒八
安國尹焞進退合義
尹焞遷秘〔少〕
尹焞（復）〔後〕進矜式
尹焞解論語賜服

給胡安國葬事
尹焞稱疾不出
尹焞固辭命
尹焞致仕十
尹焞卒于紹興府十二
曾恬不附秦檜十七
秦檜排程頤二十三
朱熹應詔上封事孝宗三十二
召張浚之子栻
朱熹入對三奏隆興元
張栻入對五
張栻留意職事淳熙二
謝廓然請禁王程學五
趙彥中請禁僞學
朱熹入對
朱震卒
尹焞因議和辭命九
尹焞再辭命
何鑄攻朱松
何若排道學十四
陸九齡習程氏學十九
朱熹召不至二十九
上異張栻議論
魏掞之乞爵程氏乾道四
朱熹特改官九
朱熹除秘書不就三
張栻卒遺表不得達七
呂祖謙卒八
陳賈請禁僞學十

朱熹入對十五　林栗奏朱熹欺慢
葉適辨林栗奏疏　召朱熹
朱熹論君心及六事　朱熹言禁道學
朱熹草十事不果上　執政指道學爲邪氣

文章

胡銓搜訪詩人孝宗乾道六

文弊

(俞)〔喻〕汝礪言文弊高宗紹興九　論南北文弊孝宗淳熙七

撰述

王居正辨學高宗紹興五　宋藻十君論六
程敦厚經世十論　張亨衢歷代中興論七
王揚英黼扆箴八　陳靖中興統論十二
蔡大中十謹論十三　施鍔賦頌雅十七
張嵲中興復古詩十八　(張)〔何〕大圭聖德頌二十
劉一止聖德詩二十二　錢周材聖德詩

沈中立等（芝人）〔金芝〕頌二十五

陳巖肖聖德頌孝宗淳熙七

民政門

恤民

久雨放僦錢高宗建炎四

詔奉行寬恤事件紹興元

行魯（瞻）〔詹〕寬恤事件

寬兩淮租税二

給淮泗〔北〕流民田五

鏤版寬恤指揮

因旱檢寬恤事件六

朱倬乞固民心七

役民修城不得已

車駕所過量免税八

命張燾寬恤四川九

講究寬恤事件十三

命養濟窮民

恐市錦擾民

支民搬挈之費十四

禁豪强〔奪〕民居

恤民謹獄

因雪詔養濟窮民

編類裕民事件十六

展兩淮起税

減定公私房緡十七
命奉行寬恤詔書
命恤淮民復業十九
冬月給匃者錢米
編類寬恤詔令廿三後年成書
論敷錦擾民廿五
上無一毫擾民
編寬恤事件
再展淮民起稅三十
支養濟米
詔奉行十八條隆興元
恤廣西遭寇二
除市令司〔淳熙〕元
減公私房僦八
酷暑念閭閻〔十〕

編賜寬恤手詔
看詳裕民文字十八
減僦舍白地錢二十一
減諸路房地錢
免進〔蝛〕〔鹹〕鮓淮白
命大臣面諭寬恤事廿六
盛暑診視民疾二十八
詔京尹供饋營辦卅二
頒寬恤十八條
詔行實惠
不買民田爲教場乾道八
弛池魚禁五
因旱寬恤
頒寬恤詔令十一

重農

宮中育蠶高宗紹興二
憂雨損蠶麥三
令宮中養蠶五
慮陰雨害麥〔六〕
宮中種稻
慮雨妨事
宮中養蠶種稻七
宮中種稻知水旱
宮中養蠶知濕損八
畫以人耕田圖十二
喜雨澤沾足
民事以農爲先十三
籍田降詔令易曉十六
多雨有豐稔望十七
謹務限制十九
喜臘中得雪二十三
免耕牛稅二十六
除買賣耕牛稅二十七
喜蠶麥稔三十二
免販耕牛稅孝宗隆興元
喜晴不憚暑乾道二
喜雨望秋成
上問廣南農事六
望百姓富實七
上喜得雨淳熙三
終歲憂念民事四
論士夫恥言農事
論農田五害

訪問蠶繭絲薄八
宮中種麥

勸農

以墾田爲殿最高宗紹興五
黜守令不勸農十六
置力田科二十
詔監司守令勸農
命守臣勸農桑七
詔勸民種春麥〔淳熙〕九

田制

請復湖田高宗紹興（六）〔元〕
李光乞廢湖田五
廣德湖復爲田十三
史才論太湖利害二十三
修太湖諸浦二十八
定上雨水限
命排日申得雨十四
詔守令出郊勸農十五
立（墾）〔營〕田賞罰格十九
張浚乞招誘耕農孝宗隆興元
命勸誘廣南耕田乾道六
命邊郡守課農桑八
行福建實封法二
措置廣德湖田九
措置占留田業十六
括鎮江沙田二十七
寢沙田蘆場指揮三十二

除浙西圍田乾道二
禁浙路圍田淳熙九
禁開白馬湖爲田十一
禁開葑地爲田十二

水利

詔修水利高宗紹興十九
命措置陂塘二十一
詔講明田事
詔興水利九
詔浙東修水利二
治修水利不實罪
修高郵(定)〔寶〕應長堤五
修真州陳公塘九
賞江士龍修水利十一
許以運河水灌田十二

修寧國府圩田六
申禁圍田十
申浙西圍田禁
禁掘柴地爲田十五

命修陂湖二十
詔修江浙水利孝宗隆興二
詢常州水利乾道八
命諸路開具陂塘淳熙元
具析修水利官
何偁措置水利四
修淮東捍海隄八
和州麻澧湖之利十
詔相視堰閘
乞修太湖隄十五

經界

李椿年乞行經界高宗紹興十二
椿年聽汪大猷言十三
平江置經界局十四

風俗

禁珍禽花木入城高宗紹興二
申嚴銷金之禁
禁金翠之飾五
禁以翠羽爲飾
論禁金翠七
宮中禁金翠鹿胎八
限三日毀棄金翠十
申嚴銷金禁二十六
禁宮人服金翠二十七
禁金翠自禁中始
嚴銷金禁三十
禁金翠僭擬孝宗隆興元
禁異服及胡服
治犯金翠罪乾道元
禁胡服胡樂四
戒民俗奢侈八
革奢侈自宮禁淳熙三
論仁宗不重真珠事
禁奢侈嚴於有官者
禁銷金甚嚴四
戒京尹禁金翠等八

中嚴胡服番樂十二
何萬論風俗奢侈

蠲放

詔蠲積欠高宗紹興元
捐福建被賊田稅二
蠲放先及下户三
蠲禁軍闕額錢
以旱傷蠲逋負六
災傷倚閣户帖錢
因旱除積欠(十)〔七〕
蠲廣西十州免行錢十三
議蠲浙西賦
蠲兩浙欠丁鹽錢
詔蠲積欠十四
除江浙京湖積欠
蠲諸路諸色錢
減成都對糴激賞十五
議蠲減蜀中財賦
蠲建康舊欠十六
減四川財賦
命檢放災傷十七
蠲閣舊欠十八
紹興以旱閣稅十九
照年分放積欠二十一
水患檢放二十三
(缺)水災閣夏稅
命檢放災傷二十四
命放諸路積欠
除放舊欠二十六

放淮南十年税
蠲三路紬絹錢帛二十七
詔檢放災傷二十八
除諸路積欠
許人户訴災情隆興元
蠲福建鈔鹽錢四
治不躬視水災罪六
慕文景蠲租税八
蠲放旱傷税賦淳熙元
檢放不實之罰
諸路旱傷蠲放八
除建寧府舊欠
蠲放豐儲倉米
蠲會稽蘭溪借貸
蠲福建欠錢
蠲建(寧)〔康〕府積欠
命四川奏災傷
蠲四川糴本積欠二十九
(缺)除總所積欠三十
論檢放之弊乾道三
命選官檢放災傷
蠲旱傷流移户税七
〔旱〕傷從實檢放九
減放江湖路秋苗
除豁已放秋苗(三)〔二〕
不覈實災傷十一
放江浙欠錢米
放吉州三縣税十二
程叔達認蠲税數
蠲夔路係省錢

(缺)蠲放江南旱傷十四

賑濟

賑恤災傷高宗建炎二
冬寒賑恤紹興元
賑恤流民二
雪寒賑濟六
賑廣西水災七
賑濟須及鄉村十
賑恤水災十四
賑給流民十八
給米賑流民十九
賑潼川水二十三
命提舉親措置賑濟二十四
賑恤水災三十
賑給雪寒三十一
詔賑恤災傷孝宗隆興元
賑江浙水災二
賑江浙饑乾道二
賑温州水
賑泉州水三
賑成都路旱
賑綿漢等州饑四
不罪胡與可賑給
賑恤流移五
放免借賑貸米六
賑楚州饑七
賑湖南江西饑
賑饒州饑〔九〕

賑四川水八
賑恤沿江水災淳熙元
賑淮東鼠災六
㊅不許借兑常平十六
中禁移易常平二十
不取撥常平米孝宗三十二
補浙東米失陷二
糴常平備賑糶〔六〕
給度牒糴常平
催諸路糴常平六
支義倉〔米〕賑濟
没官田入常平十三

舉子

劉大中論不舉子高宗紹興七
支舉子錢八

賑江東西水九
賑福州建劍水四
賑南康旱災七
禁移用常平米〔紹興〕十八
論義倉賑濟二十八
令福建住糴常平隆興元
命歲按倉儲乾道四
稽考義倉八
治虚申常平罪淳熙四
義倉還以予民八
禁移用義倉米〔十一〕
不約束義倉米

立福建養子法

支舉子義倉米十五
中嚴支舉子米二十二
中嚴不舉子禁二十三
歉歲舉行養子法孝宗淳熙八

兵事門

兵制

置御營司高宗建炎元
更御營法（二）〔三〕
改御（營號神武軍）〔前軍號〕四
三衙無兵存其名紹興元
改神武軍名五
軍馬撥隸三衙
創萬弩營三十二　尋罷之
復置萬弩營孝宗乾道五
改和州花裝隊七
馬司移建康
改隴蜀花裝隊〔淳熙〕十一

禁衛

廢班直尋復之高宗建炎四
更禁衛名皇城司紹興元
胡安國言衛兵二
神武皆宿衛兵

諸路兵

諸州兵隸殿司高宗紹興十八
（缺）詔諸州招填禁兵十九
諸路兵分三等孝宗乾道三
教閱士兵弓手九
泉州左翼軍聽帥司節制淳熙〔三〕〔二〕
閱兩浙福建土兵三
詔諸州教閱禁軍四
置成都路雄邊軍五
置湖南飛虎軍七

東南兵

上知南兵可用高宗紹興五
上辨南兵不可用七
論歷代南兵可用
論東南兵可用孝宗乾道六

民兵

增置射士高宗建炎元
置忠義巡社
罷諸路巡社二
罷增置射士武尉〔三〕
招沅州弓弩手紹興元
興元諸處義士
言者論民兵二
籍荆南義勇孝宗乾道四
陳俊卿乞籍民兵〔乾道〕六
〔太〕〔命〕守臣教閱民兵淳熙四

給義士衣甲
措置京湖民兵十四
兵法
葉汝舟(編)〔獻〕兵書高宗紹興四
吴璘著兵要陣法二十六
黄茂材教六花陣淳熙二
軍賞
賞平苗劉功高宗建炎三
賞仙人關功紹興四
置象牙牌五
論軍中賞罰七
速行獲賊賞二十八
以金銀勞有功將士
覈實軍功孝宗
比試民兵事藝十一
王文獻注司馬法十
賜將臣兵書孝宗乾道三
賞明州戰功
優賞戰功
賞淮陽之捷六
論軍賞之濫十一
樊城濫賞三十一
不濫賞軍功〔三十二〕

軍政

頒軍制二十一條高宗建炎元
以軍變降韓世忠官
向亶以遁走誅四
岳飛軍極有紀律四
不進兵當行軍法〔紹興〕六
何溥言軍政三十一
詔戒占破禁軍
治行賂求職名罪
核實兵籍二
嚴整乃治（平）〔軍〕之要六
嚴軍人劫盜罪
治詐稱八廂罪
軍（功）〔兵〕劫盜罪主將
禁兵將奔競交結二
汪藻乞修軍政
禁發塚取民首級紹興三
用兵以威信爲先
論逃軍首身法三十
戒將帥掊剋孝宗三十二
戒將臣掊剋充饋隆興二
治守將棄城罪乾道元
修軍政十一事五
論軍中階級法七
嚴犯階級罪
索秦琪空印紙乾道九
升黜軍帥淳熙元
議賈和仲失律罪

賞李川舉職
違主帥約束降職四
批付身以革冒濫
禁兵官褻慢六
李椿論軍政十
不許〔軍將〕置田宅房廊
治胡斌犯階級罪
嚴將帥貪惰罰
罷軍中回易等事

兵費

軍中〔冗〕〔虛〕費四事高宗紹興〔三〕
錢糧皆百姓膏血七
降銀錢市軍儲三十
江鄂荆三處軍費孝宗乾道四
論軍將冗食耗費淳熙十二
錢卓犯階級降官三
約束減剋軍糧
革軍中冒濫弊
戒郭剛賣布剋剥八
軍政修舉之賞十一
盡罷軍中刻削事十二
治張革犯分罪
捉獲逃軍當斬十四
朱熹言諸將掊克十五
周祕論邊費六
漕臣將帥當體國十
吴芾言養兵費財三十二
議省軍費十五

兵食

呂頤浩月支糧料高宗紹興元

命漕臣應副軍糧二

郭楫以乏軍糧罷四

葉夢得餽餉不乏十一

稱王之望餽餉功

論養兵最難三

樁米屯軍要害處十二

軍須

詔還軍須價直孝宗隆興元

恤軍

支諸軍雪寒錢高宗〔建炎三〕

給絹賜將士五

更戍如期三十

禁將帥科勒軍兵隆興元

命通判充隨軍錢糧三

江西(增)〔漕〕市軍儲五

敘餉軍之功(二十二)〔三十二〕

不減官兵俸料孝宗乾道二

禁諸軍借請淳熙元

不役軍士營繕紹興三

禁勢家放軍債二十九

戒將帥私役士卒孝宗三十二

詔行實惠

優恤諸軍淳熙七
犒戍邊將士十一
禁差土兵接送十四

選兵

議精選兵高宗紹興二

招兵

住罷招兵高宗紹興三十
旌賞趙渥招兵孝宗乾道七
因江湖旱歉募兵
免三年招軍淳熙十

汰兵

簡放三盜部曲高宗紹興二
(責)〔賞〕張俊汰兵此小張俊
命三衙諸路揀軍五
審實汰兵三十
許子弟承襲孝宗隆興元
汰老弱兵乾道二
朱熹言去冗兵淳熙七
展離軍限十
揀汰諸軍之效十四

訓兵

鄭士彥乞教閱高宗紹興〔二〕
按閱劉光世兵四

詔諸州禁兵日教射五
江上諸軍事藝精强
內教武藝至精（十八）（十四）
幸教場閱兵二
內教選鋒軍三
幸白石大閱六
軍中拍試激賞
增加事藝之賞
喜忠鋭軍射藝九
教閱不許設酒淳熙元
責守臣教閱
前軍中軍內教
犒設射藝精熟八
奏射鐵簾賞十三
按試武士所能
立冬月內教法十四
具訓練衛士法孝宗隆興元
幸白石閱兵乾道二
幸茅灘大閱四
宣步司軍入內射七
殿司弓箭手入內射
引諸班直呈射八
喜忠武軍武藝
修諸軍習弓弩法
步司弩手內教
幸茅灘大閱四
幸龍山大閱十

用兵

用兵在賞罰高宗紹興十
用兵在有謀
兵謀務要決勝孝宗乾道三

軍器

張浚(精)〔請〕製軍器高宗建炎三
軍器當留意紹興元
命諸路造甲
置御前軍器所二
張俊自造軍器
給度牒造甲
造甲不擾百姓五
内庫椿管軍器六
置御前軍器局七
上親製兵器十
改造剋敵弓十一
造軍器之賞(十七)〔十九〕
工部檢察御前軍器三十
禁私役軍匠孝宗三十二
治不修軍器乾道九
差人閱諸軍衣甲
李椿諫市牛筋淳熙十

馬政

趙開更茶法買馬高宗建炎元

復提舉買馬紹興元
廣西增價市馬二
廣西鹽博馬
置饒州孳生監
置邕州買馬司三
置賓州買馬司
昌慤招來蕃馬
吴璘通西馬
饒州監置提舉官
許大理國賣馬
令四州專管買馬
提舉買馬移邕州四
李棫買馬七説
置臨安孳生監
置餘杭孳生監
置饒州孳生監五
命官協力買馬〔六〕
命廣西帥買馬
合茶馬爲一司〔七〕
廣西進出格馬
川陝茶專博馬
廣西增數買馬十一
論南地可牧馬十三
論牧馬在得人
秦川買馬大略十五
(缺)擇地牧川廣馬十七
(缺)川秦馬分送諸軍十九
(缺)論牧馬之利
廣西馬綱格法二十一
革受賂印馬弊〔隆興元〕

參用茶馬舊法孝宗乾道八
戒飭牧馬官淳熙三
閻蒼舒言茶馬弊四
茶馬司置監歇養十二
黎馬須及格尺十五

舟師

乞造戰艦高宗建炎二
韓世忠大治戰艦三
王彥恢飛虎戰艦紹興二
命江浙造戰艦五
詔江浙造小船
馬廣閱習水軍六
楊存中駕放戰船二十八
李寶提督海船三十
李寶破虜舟于膠西三十一
虞允文車船破逆亮
郭璘再任能保船孝宗乾道元
修建康戰船六
點檢諸軍戰船八
不許改造戰船淳熙三
招建康戰船梢手十一
論許浦水軍移屯十五

戰車

命兩路憲臣總領高宗建炎元

宗澤造決勝戰車
王大智造戰車紹興二
王彥恢神武戰車
南方不宜戰車三十

屯營田

汪藻請屯田高宗建炎四
荊南營田之始紹興元
措置河南諸鎮屯田
陳規奏本鎮營田
減淮南營田歲收
王宧根括水田〔二〕
王彥恢言營田
韓世忠建康營田
湖南江浙屯田
頒陳規營田法三
韓世忠論屯田
淮南帥守營田入銜四
命條屯田利便
張致遠言淮南營田
朱震乞營屯荊襄
邵彪具營田利害五
條約營田司
廖剛屯田三說
吳玠興屯田
張浚措置屯田
戒幕帥措置屯田六
改江淮營田爲屯田
李綱論營田
久任營田官

建官經理營田
王繒論江淮營田
吴玠營田之效
關外行營田十三
四川營田委都統制十八
㊇放免官莊牛租廿五
屯田先立規模
措置京西營田孝宗
王〔弗〕〔茀〕經理營田〔三〕〔二〕
撥建康圩田助軍
罷和州屯田六
罷廬州屯田八
郭杲興襄陽屯田十
錢之望言和州屯田十一
椿錢屯田支用
詢究營田利害七
罷江淮營田司
万俟卨論營田十
立營田賞罰格十六
㊇關外營田收租廿一
李顯忠請屯田三十
上論淮上屯田卅二
論襄漢屯田隆興元
措置淮東屯田乾道元
措置兩淮屯田五
召人佃營屯田七
罷階成等州營田淳熙五
詔經理屯田
勸勉屯田人兵
詔郭杲措置耕高仰田

補和州不堪開耕田
立奏（屯田）收麥稻限十二

督府

呂頤浩建督高宗紹興二
罷督府四
葉義問督師卅一
汪澈視師京湖孝宗卅二
張浚兼荆襄召汪澈
楊存中陞都督

將帥

王淵輕財好義高宗建炎三
汪藻論諸將罪四
范同言諸將不協四
諸將知尊朝廷六
上倚重韓張二將

和州均給屯田米
論屯田寓兵於農十五
孟庾同都督
張浚以宰相視師五　六　七
葉義問不識生兵
張浚都督江淮隆興元
罷督府召張浚二
上論武臣少知義理三
諸將作論詆文臣紹興元
臺諫論罷王𤫩五
兵在主將得人七
責將帥御弓馬

撫偏裨以分大將權八
詔戒飭將士
王十朋論管軍名位
魏勝充統制
李寶陳俘獲
楊存中薨乾道元
賞劉源繳付身
命大臣審驗將官
將帥冗（惰）〔墮〕之弊三
郭剛爲軍中所（伏）〔服〕
擇將不拘等級
書將字求將才
統制不可苟任九
審驗將才淳熙四
主帥擇將非才降官
詔慰勞將帥十
武臣須知書三十
楊存中宮觀封郡王卅一
楊存中比郭子儀
詔復除環衛官孝宗隆興元
守年限陞差法二
不開超陞例
樞密院呼召武臣
議置副都統
將帥先民事六
主兵官不能律己七
獎楊展留意職事八
統制官須遴選
將帥體國擇兵官
不次用將

奬李川杜私謁
不以文采取武臣五
武舉取將帥才七
精陞差軍將〔十一〕
揭帖進入將官名
密舉偏裨將校

世將

王稽中論世將孝宗乾道元

韓世忠

世忠軍赴帥府高宗建炎元
除御營左軍都統三
以勤王功兼兩鎮
帥浙西虜至走江陰
以守江功易鎮四
却世忠獻馬
宣撫江東西路紹興二
置背嵬親隨軍
宣撫淮東三
始與王德講解
遣兵襲劉光世
與光世交惡不已四
御劄諭韓世忠
背嵬軍極驍健七
願以身蔽江淮
世忠不受圩田九
出軍秋毫無犯十
除樞密使十一

製一字〔軍〕〔巾〕入都堂
輸田税賜詔獎諭十三
韓世忠薨廿一
世忠恩恤之厚

張俊

取杭妓張穠高宗建炎元
除御營右軍都統三
諭吕頤浩推張俊
拒都督行府檄六
獎諭張俊妻章氏十一　即張穠
獎諭張俊納兵
張俊薦劉子羽
以主和議先得王十三
張俊薨廿四
岳飛知韓世忠奇特
因輸税得封郡王
世忠不附秦檜

殺秀州前守趙叔近二
張俊軍號鐵山紹興元
張俊不主避寇議四
張俊喜營繕七

除樞密使
以納兵得進封
幸張俊第廿一
張俊封真王以附和議

劉光世

光世五軍都提舉 高宗建炎元
以勤王除御營使 三
帥江西虜至而遁
不能援揚楚
不峻責光世
宣撫江東 三
王德請身見世忠
魏矼諭解光世 四
劉光世乞祠 七
以陶朱公自比
光世軍叛降僞齊
招徠淮西叛兵
劉光世薨贈太師 十二
曲意奉康履
乞不受杜充節制
（以公事）〔論劉光世〕牒六曹 四
趙鼎以書諭光世
諭光世汰兵 紹興元
訴韓世忠
奏韓世忠掠其兵
三妾皆封孺人 五
劉光世解兵柄
呂祉撫諭光世軍
復召劉光世
光世有登仙之歎
光世姑息無克復志

岳飛

投張所軍中高宗建炎元
降于杜充二
張俊薦岳飛
岳飛年少建節四
起復歸屯六
與張俊隙深
敦請岳飛管軍
秦檜見岳飛忿忿
王庶稱岳飛壯節八
命飛班師不奉詔十
張俊秦檜恨岳飛
披襟作雍容狀
岳飛宮觀
岳飛號賢將
與王彦有隙
時譽翕然四
除都統制紹興元
爲張俊所忌五
岳飛見識極進七
棄軍廬墓
上親戒諭岳飛
岳飛願進屯(田)〔淮〕甸
岳飛奇李寶九
岳飛遷延赴援十一
除樞密副使
與張俊議不合
岳飛爲秦檜所殺
知浹爲岳飛訟冤十二

王輔叛岳飛附檜

姚岳叛岳飛希寵

賜岳飛廟額乾道六

劉錡

以張浚薦得用高宗紹興七

除淮西安撫

除東京副留守十

劉錡以功建節

虜不敢犯劉錡

劉錡罷十七

代劉寶鎮江都統三十

愧虞允文立功

劉錡薨于臨安三十二

吴玠吴璘

劉子羽薦于張浚高宗建炎三

以岳飛更岳州名廿五

追復岳飛官孝宗卅二

劉錡始成軍

劉錡對於内殿八

劉錡留守順昌府

不信讒劉錡者十一

諸將恨劉錡

劉錡守潭州賜田廿五

虜畏劉錡三十一

劉錡以疾得祠

爲曲端所劾四
吳玠以功除宣撫紹興四
玠以功陞兩鎮檢校
吳玠得事君體五
吳玠立廟十
上稱吳璘善用兵十二
吳璘以使相領都統二六
王之望乞還吳拱璘疾甚
吳璘遺表納忠三
吳璘所用多知名

李世輔

自虜中奔夏州高宗紹興八
招李世輔九
賜李顯忠田十
始陞都統二十九

張浚奇吳玠
賜親筆不得拊卿背
玠辭官贖劉子羽罪
吳玠薨于仙人關九
虜望吳璘不敢争
吳璘統兵有法十四
吳璘除宣撫三十一
吳璘來朝封郡王孝宗乾道元
吳璘威名亞於玠
虜殺李世輔家
賜名顯忠
以上恢復策忤秦檜十八
(缺)李顯忠卒孝宗乾道

保全李顯忠家淳熙六

寵將

厚錫三大將高宗紹興五　獎諭韓世忠
獎諭韓岳二將　開三鎮賜功臣號〔六〕
獎諭韓劉二將六　賜手劄獎世忠七
賜詔獎諭諸將十一　以玩好賜劉光世
獎諭李寶三十一

馭將

激張俊立功高宗紹興元　得馭將之術
汪藻馭將三説　諭韓世忠令釋憾四
激劉光世立功　駕馭諸將
上得馭將之道五　上親諭二將釋憾
戒諭韓世忠七　戒張俊羨劉光世
戒吳玠附托張浚　激張俊力戰八
不許岳飛增兵　戒張俊勿興土木

不許岳飛辟郡守
不許張俊免和買十
諭岳飛功賞
以郭子儀事諭張俊十一
議互易諸將兵
不受大將貢獻三十二
陳俊卿論待將帥孝宗乾道三
戒諭王公述五
論駕馭將帥六
戒兵官使酒八
御筆戒諭軍帥淳熙十二

財用門

財用

發諸路坊場錢高宗建炎元
驅磨常平錢物三
論用兵營造費財
孫覿以擅催青苗罷
陳剛中乞罷冗食紹興元
張致遠言理財五
集紹興會(稽)〔計〕録
詔户部措置財用
置總制司
論監司不恤州郡
執政兼措置財用
王俁言國用五事

久任主計之臣
經制司去發運字
欲藏富於民十　廿六
户部要得人廿二
論劉晏善理財廿六
國初以來收支大數〔數〕（卅）〔卅一〕
進久任許元故事
命宰執兼制國用八年罷
造册開具支（川）〔用〕
置度支都籍四
造會計録六
世儒不言財穀
復祖宗會計録淳熙二
論士夫諱言理財
詔漕臣通融財計
莫將財用五説九
罷經制司
增收頭子錢
欲國與民皆足廿五
財用有三説
乞久任版曹孝宗乾道元
定國用經制二
戒儒臣留意金穀三
蔣芾尋財用根源
罷制國用司五
左藏急闕七
恤州縣困弊九
州縣置財用都曆四
復合同憑由法六
論會計録

罷總漕司營運七
不許置總計司
撥無收錢還户部八
内外積錢之富十
朝廷與户部分彼此
每月進財賦册十一
命中總所大軍〔庫〕數目十三
總所申到見在數

節用

不欲數犒軍 高宗紹興元
省内諸司〔二〕
趙霈奏裁節浮費四
上論省節財用五
節省自宮廷始
陳淵乞節財用九
上每事省約廿六
乏財但當節用廿八
張燾勸節用廿九
裁減宮掖用度 孝宗隆興元
節長秋宮費用
未嘗妄用一文〔乾道〕四
戒州郡節用 淳熙三
論大臣節浮〔四〕
論撙節財用十
論革弊以漸十四
詔裁減冗費 光宗〔十七〕〔十六〕

府庫

分置庫藏高宗建炎二
罷兩浙回易庫紹興二
激賞庫歸左藏孝宗卅二
乞通融南庫財用乾道六
併左藏南庫封樁庫〔淳熙二〕
封樁庫貫朽〔六〕
撥南庫隸户部十
南庫創置之始
封樁庫創置之始
南庫存留庫眼十二

内帑

内庫以備水旱高宗紹興二八
出内庫代民租
支内帑佐調度二九
出内庫銀糴馬料三十
上諭置内庫意卅一
黄中言内帑卅二
出内帑和糴賑濟孝宗隆興二年
借内藏應副户部
免台州欠内庫錢淳熙七
蠲拖欠内藏錢物十
〔按閲〕出内庫犒賞〔士卒〕
朱熹言内帑十五

倉廩

分省倉爲三界高宗紹興十一
措置唐鄧積蓄孝宗淳熙六
椿管采石倉米十二

場務

併榷務茶場高宗建炎二
置江寧府榷務〔都〕茶場三
分榷務於臨安四
移紹興場務於臨安紹興二
㊁置都茶場於建康
置諸州市易務五
罷吉州場務
（初置）榷場〔之法〕十二
定坊場祖額淳熙二

置豐積倉〔三六〕〔二六〕
上供赴豐儲倉七
豐儲〔倉〕以新易陳十五
罷市易務存抵當庫
置行在都茶場明受
廢越州榷場
移建康場務於鎮江三
移鎮江場務於真州
榷貨務賞格〔六〕
定三務場歲額孝宗乾道六
罷創立場務五

市舶

復市舶舊法高宗建炎元
復置市舶提舉二
兩浙舶司移華亭紹興二
罷福建舶司
提舉兼（泉）〔福〕州舶司
賞蔡景芳招商六
論市舶利厚七
廣南市舶之利十
減抽解數（十七）〔隆興二〕
詳定舶法二九
革市舶之弊孝宗隆興二
罷兩浙舶司乾道二

漕運

復轉般法高宗建炎元
行入中法二
罷江淮發運司紹興二
初置都轉運使
拘官舟備漕運六
席益上漕運六策
蜀中水陸運利害〔七〕
復置發運使八
優恤利道運夫孝宗乾道二
復都大發運〔使〕六
竄史正志罷發運
恐陸運勞民淳熙七

河渠

修浚運河高宗紹興三
浚臨安府運河十六
修運河堰閘二九
論溝洫利害
詔浚運河卅一
司馬伋浚河修閘孝宗淳熙六
鎮江府開河道七
浚浙西運河十一

茶鹽

梁揚祖措置茶鹽高宗建炎元年
詔榷務守茶鹽法紹興元
梁揚祖改茶鹽法二
私茶鹽行重法三
復廣東茶鹽司
茶鹽法成書廿一
欲捐茶鹽之利廿七
禁供指私茶鹽孝宗三二

茶法

趙開更川陝茶法高宗建炎二年
市建州茶紹興五
罷福建茶鈔行茶引
減福建貢茶
罷買福建末茶

更福建茶法十二
茶息歲入之數二五
茶法不可變更孝宗乾道六
檢放川茶虛額六

鹽法

更福建鹽法高宗建炎四
罷福建鈔鹽
禁停接私鹽二
呂頤浩峻更鹽法
榷明州三縣鹽
均定給鈔鹽數
以榷明州鹽罷王然三
渡江後鹽法五變
廣東更鹽法
更二廣鹽法八
韓球榷茶之擾十七
措置湖北茶引二八
胡元質奏川茶弊淳熙四
李椿論茶法弊十
換鈔給閩廣鹽
榷南恩州田鹽紹興元
不許張浚通蜀鹽
趙開變蜀鹽法
廣南鈔增貼納錢
禁將佐鬻鹽
增鹽鈔貼納錢四
東北鹽始通五
不變鹽法之效六
葉（衡）〔擬〕請福建給小鈔

增福建鹽鈔錢十二
官賣廣西五州鹽
王珏支還煮鹽錢十九
減福建鈔鹽錢(二九)(二七)
論私販鹽禁三十
命支還亭户錢孝宗乾道元
閩中鹽策五弊三
命相度廣西鹽事六
廣西鹽復官賣法九
給亭户納鹽手曆
均減井鹽重額
禁販解鹽入界七
王正己言廣西鹽事
韓璧言廣鹽鈔法
金州不置場榷鹽十一
不許寬私鹽律
(缺)不改福建鹽法十七
(缺)減夔路諸處鹽課廿二
禁科賣鹽二九
王時升代民輸鈔錢
論私鹽三弊
放四川鈔鹽綱四
行福建鈔鹽法八明年罷
張栻論廣西鹽法淳熙二
胡元質奏井鹽弊四
守廣西官賣鹽法五
詔廣鹽復鈔法十
申禁解鹽入界
李椿革廣鹽弊
詹儀之條析鹽事

禁附帶解鹽
禁販交鹽入界十二
戒提舉重鹽事
淮浙鹽秤下支錢
通淯井監鹽十四
罷蔡瀵裒斂亭户十五
趙伯(温)〔遏〕言廣西鈔鹽〔法〕
以鹽事竄詹儀之

榷酤

添六路賣酒錢高宗建炎二
復增諸路酒錢紹興元
論榷酒之利
胡世將增蜀酒息〔八〕
革蜀中酒弊廿六
置漁陽井鹽官
論二廣鹽事
革廣州給曆賣鹽弊十三
汀州科鹽之害
革八州科鹽弊
問孫紹遠廣西鹽事
復廣西官賣鹽十六
增諸路酒價四
禁賣公使庫酒〔二〕
置贍軍酒庫七
罷夔路酒店十五

鬻爵

募民入貲授官高宗建炎元
獻助人給告二
募人納粟補官紹興元
鬻承直修武以下官
減賣官誥錢
納粟不許注親民六
定(賣)〔買〕官升轉法
收官誥綾紙錢
賑濟人特補官孝宗淳熙元
補賑濟官罷鬻爵三
出爵募民賑濟八

鬻牒師號附

初賣師號高宗建炎二
度牒改用綾紙三
換給度牒四
入錢批舊度牒紹興六
趙鼎奏賣度牒七
住給度牒十二
不許撥放度牒十三
不許放僧牒廿六
不欲驅農爲僧廿七
再給降度牒卅一
鬻牒充會子本孝宗隆興二
科賣度牒
論賣僧牒之弊乾道三
給僧牒師號助四川總司　四

降度牒賑饑
給度牒糴常平八
漸革鬻牒弊

鬻田

措置賣官田高宗紹興二
召人買田六
出賣没官田廿八
乞寬限賣官田孝宗乾道(元)〔三〕
罷鬻官田淳熙三

坑冶

督諸監輸錢高宗建炎元
權罷建州鑄錢紹興二
減建州鑄〔錢〕額
饒信膽水浸銅
鄭士彦乞罷冶鑄五

降度牒下四川總所七
頒度牒下四川備邊淳〔熙〕四
不賣度牒充回易七

召人(賣)〔買〕官田舍五
賣官田增租十二
魏安行抑賣官田卅一
詔鬻官田八
估賣没官田産十四

罷邛州鑄錢二
廢減坑冶
省併錢監
省虔饒監官吏三
省併鑄錢司

減料鑄錢
減坑冶課額十四
減利州鑄錢額廿三
定銅山銅額廿六
給三州鑄本廿七
洪遵言鑄錢利害廿八
撥闕額錢充鑄本廿九
嚴銅器禁三十
罷鑄錢司歸運司孝宗乾道六年
劉焞論蜀中権銅
復鑄錢司七
置饒贛鑄錢司九
置饒州都大司淳熙二
廢昭州金坑十
增舒蘄鑄額十二

韓球括銅之擾十三
復利州錢監十五
四川冶鑄本末廿五
罷提點坑冶司
罷提點鑄錢官
括民間銅器
復置提點司
復邛州惠民監卅一
置舒州鐵錢監
定江西鐵錢額八
置蘄春鐵錢監
重定舒蘄鑄額八
不許光州鑄錢十一

錢幣

通當三錢諸路高宗建炎元　鑄建炎通寶錢
禁韶州新錢滅裂紹興二　出城不許過十千
禁毀錢鑄銅器六　禁私鑄毛錢十三
申嚴錢入海禁　禁銷錢爲器廿一
嚴銅錢出界禁廿六　缺論錢法精粗
禁私鑄沙毛錢孝宗隆興二　命捕搬販錢人
鑄當二錢乾道元　降會子收兩淮銅錢五
嚴銅錢過北禁六　降會子換兩淮銅錢淳〔熙〕二
給交子換四川銅錢七　降會子收兩淮銅錢十
不頻改錢樣十一　真州展限收銅錢十四

錢引錢鈔

（顏）〔靳〕博文增印錢引高宗建炎二年
張浚增印錢引〔三〕　印見錢關子紹興元
詔支給見錢關子五　席益增印錢引六

吴玠印銀會子七
限蜀中錢引銀會孝宗淳熙五年

楮幣

東南會子之始高宗紹興元
言者論交子弊
罷交子務官吏
臨安初（引）〔印〕會子三十
許諸路用會子
賣度牒充會子本二
印〔兩〕淮交子乾道二
降度牒助教帖收會三
行錢會中半法六
責監司措置稽緩淳熙元
不輕降楮幣
愛惜會子七
鄭剛中增印錢引十三
置行在交子務六
廢交子復爲關子
交子減價自買廿六
置行在會子務卅一
造湖北直便會子孝宗隆興元
撥度牒錢充會子本
會子交子兑易
兩淮通行〔銅錢〕會子
行僞會賞罰
楮幣少而重（三）〔二〕
會子始分界五
不欲多印會〔子〕十

論會子不宜多十二
會子不可更增十三

和糴

委諸路漕臣和糴高宗建炎四年
支官告度牒博糴三
和糴助軍儲紹興元
詔户部增數和糴四
約束不支糴本
命户部措置苗米七
降告身博糴五
諭程邁毋傷農
置户部和糴場八
糴三京穀十
諭梁澤民糴買
論糴買事宜十三
糴湖外米(十三)(十二)
(缺)定三總所歲糴額
免江浙湖南和糴十八
令州縣和糴卅一
穀賤收糴(廿五)(廿六)
詔和糴軍糧隆興元
張浚乞降糴本孝宗卅二
論和糴四弊乾道元
催提舉納糴本二
劉珙言和糴弊(二)(三)
革和糴弊二
免和糴之效淳熙四
喜歲稔可積穀八

降和糴椿管米錢十二　放濠州救荒米

和預買

均杭州和買絹高宗建炎二　減東南和預買絹三
和買紬絹折價紹興元　許折納三分見錢三
覈實和買之弊　減江西折絹價四
預買不抑納金銀五　謝祖信言預買弊九
減和預買絹十五　減紹興和買絹孝宗淳熙十六

稅賦

蠲臨安丁錢〔淳熙〕十　溫處州流民丁籍十一
免丁〔錢〕不須降旨　革廣西丁錢弊十二
革廣南掛丁弊

經總制

經制錢之始高宗建炎二　增(二)〔七〕色經制錢紹興元
委通判拘經總三　東南經總制大數五
詔收勘合錢　減罷總制錢

詔通判拘總制錢六
專委通判拘收三十
王佐論經總制錢淳熙十

科斂

論浙西科斂之害高宗紹興元年
論科配之害
禁常賦外横斂
因旱罷科敷五
論收撮課子弊六
民避科率立異户十二
議罷四川科敷十七
減四川激犒錢（十八）〔十六〕
減州縣水脚錢二十
論科敷弊廿六
孫道夫言蜀中横斂
減荆南經總制錢廿九
命知通同掌孝宗乾道八
朱熹言經總制弊十五
張九成策科斂名色二
減蠶鹽錢三
禁假託軍需
恨末除科斂（七）〔六〕
鄭剛中奏減科須（十三）〔十四〕
減四川科敷虛額
申禁科率
㊙缺再減四川重斂廿五
減四川虚估數
以縣官錢償科敷廿七

減三川科斂
虞允文奏罷加斂
蠲四川橫斂孝宗隆興元
禁非法聚斂九
彭州佛老會報上恩
免夔路科買金銀六
量減兩浙版帳十二
罷廣南紅藤錢廿八
論橫斂之害廿九
欲盡蠲無名賦乾道四
減四川虛額錢淳熙三
蜀民作道場報上恩
刪無額錢賞格

預借

給還預借坊場錢高宗紹興六年
措置革預借弊十六
申嚴預借之禁廿二
措置預催稅事孝宗淳熙四
罷曾惇預借苗米十九
治科借折帛罪廿六
禁州縣預借五

月樁

創自呂頤浩朱勝非高宗紹興三
月樁之弊七
李光言月樁之害八

裁減月樁九
（缺）蠲減月樁錢十三
措置減月樁錢十七
計羨餘以減月樁
議除罷月樁十八
看詳月樁折帛錢廿六
印會子代納月樁孝宗淳熙七

免行

復收免行錢高宗紹興（十）〔十一〕
量減沿邊免行錢十二
減諸路免行錢十七
減六州免行錢十九
曹泳奏罷免行錢廿五
不許復行免行錢孝宗乾道元

上供

減婺州上供羅高宗建炎三
東南折帛之始
減福建廣南銀
罷諸州歲貢
比較上供〔四〕
上供紬絹折納紹興元
諸路絲帛半折錢二
樁管上供絲帛
遣官督上供米
婺州羅權折價三
舉劾稽違錢物
江浙悉納折帛錢四

罷湖州貢〔花〕蕉布〔五〕
展盧光州上供十五
減折帛價十七
減靜江昭州折布錢二十
（缺）減汀州上供
綾羅紕薄不却回廿八
減大禮上供支費
減免進銀數廿九
減饒州貢金孝宗乾道二
蠲紹興上供淳熙元
驅磨截留上供數六
比較諸路上供〔錢〕十
不許折納上供米十三

貢獻

禁貢真珠文犀高宗紹興廿四
罷廉州貢珠廿六
止蜀中貢錦繡廿七
免聖節貢奉孝宗卅二
減聖節進奉隆興元
免二年聖節進奉淳熙十五

綱運

論押綱四弊孝宗隆興〔三〕〔二〕
因旱申嚴趣辦淳熙〔十〕〔十一〕
不許約束綱運十四

商稅

除米稅及力勝錢高宗紹興十七
裁減稅額
禁收步擔米稅三十
革沿江重征弊
删驢馳等收稅令六
禁阻遏客販米十一
罷荆門三處稅場十二
罷淮東八處稅場
裁減收稅則例廿六
省罷繁并征稅孝宗乾道六
不置城外欄稅淳熙五
放免臨安征稅七
禁增收商稅額
罷常德復州七〔處稅〕場
放行河渡

獻助互見鬻爵類

李綱上獻納議高宗建炎元
蠲南劍獻（助）〔納〕錢紹興三
張浚獻助國用十一
林孝澤獻助軍錢（卅一）〔卅二〕
却富民獻錢三
初許獻（助）〔納〕補官四
諸路獻助迎奉兩宮十二

羨餘
劾吴懋獻羨餘高宗紹興二
却侯彭老羨錢
王晚獻迎奉兩宫錢十二
不受姜樓獻助
禁欠上供進羨餘孝宗隆興元
却廣東獻緡錢
申嚴獻羨餘
蘇嶠請却羨餘(八)(九)
却羨餘代納折帛錢五
以曆尾爲羨餘十二
徐康國以獻羨餘罷三
兩浙寬剩錢六
楊椿不獻羨餘十四
却兩浙獻趲剩錢卅一
劉珙言羨餘弊乾道三
林機論横斂獻羨餘五
不受王楫羨餘淳熙(三)(二)
以寬剩錢代民輸十一

伎術道釋門

天文

命奏天文休咎高宗建炎元
不許報天文二

天文學生內宿三
詔太史奏天文三
製渾儀十四
日月五星聚軫孝宗淳熙十三

曆象

改正曆法高宗紹興二
詔陳得一造曆五
陳得一賜處士號
行乾道曆孝宗乾道四
行淳熙曆淳熙四
測驗曆法十二
詔定曆差十四

曆官

不許李繼宗回授孝宗乾道八
創太史局階官淳熙三
李季進乾象通鑑紹興元
張大樴獻蓋天圖七
太史奏天文不實卅一
轉運司賣曆日〔三〕
改統(天)〔元〕曆
陳得一修奉元曆九
李燾言諸曆沿革
淳熙曆後天五
楊忠輔言曆差
詔測驗曆法十五

醫方

置局賣藥高宗紹興六
諸州置惠民局廿一
頒監本局方

醫官

王繼先遷前班高宗建炎四
定試醫格紹興廿一
竄王繼先卅一
醫官不許换授孝宗乾道元
存留醫學科八
醫官不帶遥郡淳熙三　十五

命術

論孫近信命篤高宗紹興七
秦檜忌人談命廿二

釋老

却獻佛像高宗紹興四
不留意釋老十
上不惑異端十一
賜黄元道人號并贊廿八
召皇甫坦
賜張守真道號廿九

神仙

封梅福真人高宗紹興（二一）

邊事門

邊議

衛膚敏言雪恥高宗建炎元
呂頤浩備禦十策二
張守言虜必來三
馬廣言三策
范宗尹乞避虜
三省密院議虜四
朱勝非言經營淮北紹興〔二〕
呂祉入對條十事三
李綱獻三策詔奬之四
訪舊宰執議邊事五
呂頤浩上十事
朱勝非上四事
李綱上六事
張守言措置二事
翟汝文言三事
兵機事不付外
張浚論金人失信六
李綱奏陳利害
林季仲直言邊事〔八〕
張浚料虜出三策九
周南仲五不可之議
張燾言間諜
張浚言邊事十
張浚因星變言邊事十六

沈介言守備策三十
何溥因災異言邊卅一
汪澈言邊事
太學生獻四策
杜莘老上四事
吳芾言邊事
金安節言三事卅二
置言邊事簿孝宗乾道五

攻守

詔兩河堅守高宗建炎元
宗澤經理戰守
宗澤擊退金人二
宗澤遣王宣擊虜
宗澤決策舉兵
㊟缺分命諸將防江三
命杜充總兵防淮
分命杜充等守諸州
杜充無制禦之方
郭偉守采石屢敗虜
杜充守江失利
周望郭仲(威)〔荀〕守兩浙
周望遁走四
趙立攻虜塞
言者論戰守事紹興元
沈與求乞備料角二
吳表臣論防江
今歲防秋略具三
分定諸將路分
命講究防秋四

韓世忠進屯揚州
命韓劉宣撫兩淮五
張浚措置邊防〔六〕
張浚言有進無退
張浚欲斬渡江者
王庶措置邊防八
張戒附趙鼎主守
韓世忠圍淮陽
李興死守白馬山
命李興班師
命諸將畫界守邊卅一
李寶議守江陰
劉錡屯揚州
命把截要害地孝宗隆興(三)〔二〕
講備禦策乾道三

上問胡松年控禦計
張俊宣撫江東
韓世忠圍淮陽
趙鼎折彥質議退保
陳公輔言攻守策七
張戒言戰守(利)〔和〕
劉錡設戰具于順昌十
上言戰守是一事
戒諸將持重待虜〔十一〕
劉錡請益戍廿九
成閔控扼武昌
命李顯忠擇地利
詔諸將隨地措置
議真揚六合捍禦
以陳敏把高郵

〔論〕儒生不達時（宜）〔變〕差王琪修城事

陳良祐論（築城事）〔備邊〕

以陳敏備禦淮東

馮（湛）〔堪〕陳海道畫一（十）〔乾道七〕

治邊臣生事罪

荊襄移屯二不便

征戰

王彥新鄉之敗高宗建炎元

邵興絳州之捷〔二〕

邵興潼關之捷三

張俊明州之捷

彭原店之戰四

韓世忠金山之捷

韓世忠奏捷

韓世忠敗績

牛皋宋村之捷

岳飛靜安之捷

張浚富平之敗

張榮敗虜于水寨紹興元

吳玠和尚原之捷是年再捷

楊政方山原之捷二

吳玠仙人關之捷四

韓世忠大儀之捷

解元承州之捷

楊從儀臘家城之捷

王德桑根之捷

竹塾鎮之捷

王進薄虜于淮五

崔德明敗虜于盱眙

呼延通漣水之捷
劉光世兵屢捷
韓世忠淮陽之捷
姚仲百通坊之捷
醴州之捷
曹成敗虜（大）〔天〕興縣
田晟涇州之捷再戰又捷
上論戰勝在人和
辛鎮長安之捷
解元掩虜于譚城
韓世忠泇口之捷
楊沂中潰兵于宿州
邵俊等再敗虜于汧陽
惠逢敗虜野厖河
楊從儀敗虜渭南十一

韓世忠禽牙合敗之六
楊沂中藕塘之捷
李寶興仁之捷十
劉錡順昌之捷
孫顯敗虜陳蔡間
韓世忠軍敗虜
諸將獲捷詳見恢復類
岳飛郾城之捷
王貴等潁川府之捷
中條山解州之捷
李興敗李成兵
王俊敗虜于盩厔
楊從儀敗虜鳳翔
楊從儀敗虜寶雞
邵隆商州之捷

王德含山之捷
諸將柘皋之捷
世忠聞賢驛之捷
吴璘剡家灣之捷
李寶酹酒誓天卅一
樊城敗以大捷聞
治平寨之捷
李寶膠西之捷
虞允文采石之捷
楊欽洪澤鎮之捷
王宣汝州之捷
吴璘德順軍之捷
張子蓋石湫堰之捷
崔皋六合之捷〔二〕
張守忠全椒之捷
諸將議班師
諸將濠州之敗
楊政寶雞之捷
吴璘橋頭寨之捷
王權尉子橋之敗
皂角林之捷
劉汜瓜洲之敗
虞允文楊林之捷
趙樽蔡州之捷卅二
王宣蔡州之捷宣與樽俱還
姚仲北嶺之敗
張〔俊〕〔浚〕宿州之捷孝宗隆興元

和戰
韓肖胄言和戰高宗紹興三
和戰不可偏執十
上意主戰策卅一
和議
黃潛善等主和高宗建炎元
責靖康議和罪
李綱論遣使
耿南仲父子奪職
王倫使虜
宇文虛中使虜二
虜留王倫
上皇草書議和
趙子砥論不可講和
洪皓使虜三
胡寅乞罷和議
秦檜議分南北四
王倫還自金國紹興二
韓肖胄使虜三
虜使偕韓肖胄來
章誼孫近使虜四
張浚乞備虜絕和議
章誼等自虜還
魏良臣王繪使虜
韓世忠乞罷和圖恢復
韓世忠賣二使
虜欲殺我二使

魏良臣等使還
胡寅以論使出
王倫還自虜
上始主和議八
欲早休兵
虜使入見
王倫禀受使指
上喜金人有善意
曾開張燾乞集議
擢臺諫逐異議人
韓肖胄使虜
秦檜受虜書
王倫除簽書使虜九
王倫交地界
孟庾帥河南
胡寅極論遣使五
王倫使虜七
王倫復使虜
虜使來議和
趙鼎依違和議
王倫復使虜
虜遣詔諭使來
詔詢訪和議
孫近乞罷異議人
趙雍言天子之孝
虜使至行在
天下以屈己咎秦檜
命王倫守東京
王倫毀東澈雙廟
却韓世忠獻馬

論陝西叛將難用
虜悔和議拘王倫
虜囚王倫不復遣〔九〕
莫將使虜
虜囚莫將
河南望風納款
虜陷南京
虜陷西京
虜圍順昌屢敗
兀术親攻順昌大敗
詔岳飛不許深入
范同議收三將兵權十一
命張岳收淮東兵
秦檜欲殺岳飛
上諭議和之旨

秦檜惟恐忤虜意
虜主誥王倫
上言當以戰爲主十
陳淵論使事
虜敗盟入東京
陝西所在迎降
虜陷長安
廖剛折鄭億年
檄諸路罪狀虜酋
秦檜將班師
秦檜主罷兵
張〔浚〕〔俊〕附和議納兵
不責夷狄以禮
罷劉錡兵柄
劉光遠使虜

詔吴璘班師
虜欲亟和
魏良臣使虜
魏良臣以虜使來
何鑄使虜
兀术索北人
虜（赦）〔索〕北人在江南者十二
上論講和之利
獨留北人鄭億年
虜以書求割地
迎太后歸慈寧宫
徽宗梓宫至行在
秦熺盛稱檜之功
分陝西地界
賜秦檜玉帶
黄達如乞賞議和人
奉使得還者僅三人十三
虜索趙彬等家屬
選賜北使弓矢
喜虜人和議堅
虜殺王倫十四
讀王羲之傳
論議和後無事十六
以議和行賞罰十七
嘉秦檜主和之功十八
上惟以和好爲念十九
巫伋無祈請使之（祠）〔詞〕廿一
喜張俊主和議廿四
秦檜遺表堅和議廿五
命執政堅守和議

逆亮謀南侵
詔堅守和議廿六
張浚論金人敗盟
虜欲敗盟廿七
虜修汴京謀南侵廿八
孫道夫言虜南侵
杜莘老言虜敗盟
逆亮詰買馬非約廿九
黃中言虜欲南牧
湯思退詰黃中
黃中爲宰執所抑
遣使探虜意
沈該出孫道夫屢言兵事
王綸言虜無他意
逆亮已定議寇江
虜禁妄傳起兵事
虜使施宜生來即施逵
施宜生漏虜情
虞允文言虜敗盟三十
葉義問言虜入寇
陳康伯言虜南牧
汪澈條陳利害
賀允中言虜致仕
許世安告急
王十朋言邊事
虜使倨傲（卅）〔卅一〕
虜使求割地
周麟之辭使虜
呂廣問奏虜來南京
貶周麟之

虜使却吾二使　虜敗盟入寇
朝廷始絕虜　曾幾諫和議
虜持檄議和逆亮已死　虜使告登位卅二
料此事終歸於和　洪邁移書虜使
黃中等乞正名分　陳康伯折虜使
張浚乞絕和議孝宗　詔訪和戎策
史浩主和議　虜不納劉珙
盧仲賢辱命隆興元　虜以書來求四事
詔集議講和策　閻安中諫和議
胡銓乞絕和議　辛執主和議
上曲意就和　張浚累疏爭和議
虞允文累爭棄四州　虜械我使胡昉
胡銓言可痛哭者十二　魏杞使虜許割四郡
張栻論和議之非　胡銓言十弔十賀
湯思退諭虜脅和　王之望力主和議

命胡銓行邊
王之望辭督師
尹穡乞置獄治異議
以和議成赦沿邊
議遣使請陵寢〔乾道〕六
竄陳良祐争遣使事
趙雄使虜〔乾道七〕
湯邦彥使虜二

不附和議

胡銓除編修高宗紹興七
王之道遺魏矼書
張戒言和不可得
王庶言何苦事讎
王庶乞不與和議
張九成不附秦檜
胡銓劾李寶逗留
太學生請誅思退等
王抃使虜議和
虜使來乾道元年始稱宋皇帝
范成大祈請陵寢
張栻諫請陵寢
不以北人恭順爲喜淳熙元
竄湯邦彥辱命三
魏矼不充館伴八
王庶乞拘虜使
王庶言何以見虜使
韓世忠乞奏事
張戒論偷安不可得
韓世忠乞責使人狀

張燾言天相中興
魏矼乞審思
王庶以累争和議罷
范如圭以書責秦檜
詔戒上書狂悖
曾開以忤秦檜罷
胡珵等六人言和議
方庭實言屈己非計
晏敦復八人言和議
尹焞以書責秦檜
連南夫言和議之失
張浚言虜詐
汪應辰乞圖中興
韓紃以摇和議竄
陳剛中死於貶所

晏敦復言虜不可從
向子諲不拜虜詔
胡銓乞斬王倫秦檜孫近
陳剛中以啓送胡銓
李綱言詔諭何（理）〔禮〕
許忻言虜不可信
范如圭乞謝遣虜使
張燾稱疾求去
尹焞言不可降虜
徐俯岳飛賀赦表九
韓世忠欲劫虜使
楊煒上書責李光
樊光遠言得地事
貶張九成等十
岳飛數言和議非計〔十一〕

韓世忠非和議忤檜十一
劉子羽易虜使旗
胡銓(昭)〔新〕州編管十二
黃達如乞罪異論人
曾開李彌遜落職趙鼎黨
治異論寄居人〔十三〕
晏敦復到老愈辣十五
范如圭閑廢十年十九
魏矼晦迹免禍廿一
楊煒蕭振被竄煒坐上李光書
王之道坐黜十四年廿三
辛次膺如鐵石廿六
張浚胡銓任便卅一
胡銓累爭和議見前和議類〔隆興二〕
張浚終身不主和隆興二

韓世忠奏秦檜誤國
張浚不附和議
王庶卒於貶所
言者乞竄異論人
張戒特勒停趙鼎客
竄解潛趙鼎客十四
胡銓編管吉陽軍十八
解潛無愧此心
葉三省竄以詆休兵議(廿三)〔廿二〕
淩景夏閑廢十餘年
胡銓移衡州廿五
張浚以言事獲罪服闋落職
胡銓復元官孝宗卅二

武備

不以和議弛備高宗紹興〔十〕〔十一〕

造琴爲盾樣十三　武備不可一日弛十四

招填軍額　詔四川募兵

教閲不可少廢十五

自治

治中國以服夷狄孝宗淳熙三

間諜

張燾言間諜高宗紹興二

降附

收用簽軍高宗建炎四　淮北兵歸正不絶紹興八

上言多方撫納〔十〕　招徠歸正人卅二

存撫歸正人孝宗淳熙元　安集歸正人八

展歸正人科税限十二

金人本末

斡離不死燕山高宗建炎元
金人分道入寇
婁宿陷長安二
金虜再犯東京
金人陷中山府
金人入寇
金人陷北京
不敢犯先聖墓
金人犯泗州三
金人（犯）〔陷〕天長軍
虜入揚州
虜退復揚州
金人陷南京
婁宿犯長安
金人陷壽春府
虜分道渡江寇江西
虜自馬家渡濟江
虜犯兩浙
虜陷建康府
兀朮歎我朝無人
兀朮陷臨安府
婁宿圍陝府
虜乘風犯明州四
再犯明州
婁宿陷陝府
金人破明州
虜引兵還臨安
兀朮入平江府

虜在湖南者退兵
韓世忠扼虜于金山
兀朮敗世忠而遁
虜焚建康府
虜圍楚州拔之
虜寇揚州紹興元
虜陷饒風入興元三
虜僞齊渡江入寇四
金人夜遁
金主晟卒立亶五
粘罕死七
上論金人必亡
虜割河南歸我九
虜主誅其族宗磐等
虜分四道入寇十
上論兀朮無能爲
虜渡淮入寇十一
上料虜不敢渡江
兀朮犯泗州
論虜主無權
論虜人奢侈十二
兀朮死十五
虜與蒙國議和十六
虜始與蒙國和十七
逆亮弒亶自立十九
逆亮誅戮宗族二十
逆亮寫臨安湖山圖〔廿五〕〔廿九〕
逆亮擇細軍卅一
逆亮渝盟
陳康伯言有進無退

黄中（以）〔決〕策用兵
虜主徙汴京
虜分道入寇
亮殺韓汝嘉
王權爲退遁計
劉錡病甚
手詔逆虜罪狀
李寶解海州圍
李顯忠渡江歸
王權遁保和州
劉錡鑿沉虜舟
姚興等與虜戰死
楊存中召對
虜犯揚州
王權自和州遁歸
擢用虞允文
亮不知畏天變
逆亮弑母
張燾守建康
虜犯通化軍
逆亮自將入寇
劉錡至盱眙軍尋退保淮陰
虜渡淮
虜立葛王褎爲帝
虜如入無人之境
劉錡復還揚州
虞允文料王權必遁
定親征議
劉澤勸劉錡保瓜洲
虜入和州陷揚州

王權蔽匿不奏虜
劉錡退還鎮江府
虜主褒改元大定
張浚判建康代張燾
命李顯忠代王權
張燾勉允文建功
虞允文却虜于采石
虞允文檄答虜
虞允文分兵備鎮江
太一局推虜酋自斃
虜約三日渡江
虜陷泰州
奏捷不受賀
楊欽追敗虜兵
虜殺亮后及其子
李寶敗虜陳家島
虞允文折劉錡
葉義問臨事失措
劉(錡)〔汜〕敗于瓜洲鎮
虞允文犒師采石
逆亮刑馬祭天刻翌日南渡
虜行反間
逆亮趍淮東揚州
竄劉汜王權
虞允文拽試車船
逆亮爲諸酋所殺
星墜知虜主死
慰藉虞允文
李顯忠却虜于楊林
上喜夷狄相攻卅二

論金虜人不用命
虜爲窩斡所擾
虜分兵入寇孝宗隆興二
論虜酋侈靡乾道三
虜主死孫璟立淳熙十六

西夏

賜乾順詔高宗建炎二
乾順死紹興九

韃靼

韃靼之始高宗紹興九

遠夷

却高麗入貢高宗建炎三
却大食來貢四
交趾李乾德薨紹興元
册交趾李陽焕二
高麗入貢是歲又貢
交趾李陽焕薨七
册交趾李天祚八
(傜)〔猺〕人不可擾十四
李天祚封南平王廿五
却安南獻象三十
交趾來貢孝宗隆興(三)〔二〕
論制馭蠻人乾道七
黎蠻犯邊九
交趾入貢淳熙元

李天祚加封
安南李天祚死三
安南李龍翰加封六
却黎鑾進獻七
黎鑾寇邊
却安南貢象十

盜賊叛將附

李綱誅周德等高宗建炎元
分討軍賊亂兵
杭州軍亂
録平賊功
黃榜招安叛兵
建州軍亂
募群盜自併滅
劉光世討鎮江叛兵
王淵等平軍賊
王淵斬陳通等
詔招安群盜二
王淵招降張遇
宗澤誅李海
秀州軍亂
建州軍葉濃等亂
張俊等入秀州捕徐明等
討捕葉濃
丁進叛犯淮西
命討李成成遁走
丁進降
趙哲降葉濃
吳玠斬史斌

范瓊殺壽春守三　范瓊反狀
翟興殺楊進　劉光世召韓雋更名世清
范瓊引兵入見　張浚請誅范瓊
范瓊伏誅　蘄賽降于劉光世
戚方叛殺胡唐老　鼎州鍾相作亂四
孔彥舟平鍾相　戚方圍宣州
劉超據荊南　命張俊捕戚方
楊華楊么作亂　張俊降戚方
要高官受招安　貸魔賊黨
郭仲威犯鎮江　建州范汝爲亂
李敦仁世雄作亂　馬進攻江州
論孔彥威李成二寇　止治渠魁
命張俊招討　馬進陷江州紹興元
魯詹條止盜利害　張俊破馬進復筠州
張俊復江州馬進遁　桑仲陷鄧州

捕李敦仁
邵青犯太平州
殺馬進李成降僞齊
邵青復叛
再招安邵青
曹成據道州
楊惟忠殺楊勍
李光執韓世清
霍明殺桑仲
岳飛破曹成
李橫等逐霍明
李宏殺馬友
解元執李宏
劉忠降于劉豫
詔捕湖寇楊么
劉光世執郭仲威
劉光世招安邵青
張琪犯徽州
呂頤浩（執）〔敗〕張琪
范汝爲據建州
韓世忠平范汝爲二
李敦仁降
翟進犯漢陽軍
楊惟忠降趙進
韓世忠招曹成
忠鋭軍叛
孔彥舟降于劉豫
韓世忠敗劉忠花面獸
張成入醴陵縣
命會兵捕湖寇

李綱平湖南(叛兵)〔軍賊〕
李綱乞合兵捕楊么
陳顒犯梅州
閩盜范忠平
海賊柳聰受招
謝達犯惠州
周十隆犯循梅汀州三
楊么僭號改元
岳飛獲彭友
楊沂中招魔賊
命王瓊討楊么
上言招安之弊
王瓊敗於楊么
海寇敬蘇内翰
解潛誅檀成四
詔幾察巡尉失職
程昌寓招楊華
趙詳平建昌叛兵
委岳飛討楊么
賜岳飛錢幣犒軍五
遣察官體訪捕盜
岳飛遣楊華招安
周十隆就招
湖賊楊欽降
岳飛平楊么
山賊雷進平六
趣李綱捕諸盜七
盜賊止誅首惡
論弭盜三説八
捕盜止取渠魁十五

銷弭當爲遠慮十七
不貸南劍〔州〕叛兵廿八
論弭盜之術三十
禁獄吏指教盜賊孝宗卅二
幾察淮海盜賊乾道五
治盜治民不同七
推行張栻保伍法淳熙二
平郴寇出廟算六
删縱盜罰錢令

苗劉之變

王淵除簽書高宗建炎三
苗劉作亂斬王淵
吴湛陰黨苗劉
上御樓慰諭軍民
苗劉等斬康履
請傳位太子
請太后權同聽政
詔避位太后垂簾
上移御顯忠寺
張浚吕頤浩聞變
張浚決策舉兵
張俊以兵至平江
張浚撫諭張俊兵
僞命改元明受
張浚請太后歸政
邵彪見張浚議事
吕頤浩發書約會兵
吕頤浩請太后歸政

馮(幡)〔轓〕持書説賊
張浚召韓世忠
呂頤浩兵發江寧
甄援説諸將勤王
韓世忠兵至平江
韓世忠兵發平江
張浚復遣馮轓入杭
僞詔言内禪事
僞命竄張浚郴州
鄭(慤)〔瑴〕遣人至平江
呂頤浩兵至平江
二兇縱世忠妻子
張俊械使者送獄
苗傅呼馮轓議復辟
張浚等議進兵

張浚遺書款賊
二兇遣馮轓還
張浚三書遺劉光世
劉光世會呂頤浩兵
張浚得二賊書
張浚搜絶郵傳
張浚書斥苗劉罪
僞命加張俊世忠官
上啜羹覆于手
張浚繆書款二兇
張浚匿謫命文字
韓世忠斬使焚詔
馮轓説王鈞甫
馮轓更名康國
勤王所傳檄諸路

勤王兵發平江
王世脩止勤王兵
苗劉見上謝過
百官三表請還宮
刺客不殺張浚
復用建炎年號
二兇加檢校少保
二兇賜鐵券夜遁
太后撤簾
召勤王諸臣入對
韓世忠執王世脩
立賞格捕二兇
罷朱勝非相呂頤浩
劉光世遣王德討捕
韓世忠請身往討賊
廟堂召二兇議復辟
上手詔賜〔韓〕世忠
朱勝非奏復辟事
呂頤浩張（俊）〔浚〕次秀州
除二兇制置淮西
張浚除知院
張浚等與逆賊戰
世忠光世俊入見
張浚等勤王兵入城
召張浚入禁中
上初御殿受朝
令劉光世等參堂
王世脩吴湛伏誅
喬仲福敗賊兵
王德殺陳彦章世忠將

赤心軍叛苗傅
王德欲與世忠戰
賊擒苗翊降周望
林杞呂熙殺張政
詔貶朱勝非等
劉光世復用王德
詹標死於獄
張翼斬王鈞甫馬柔吉
韓世忠擒劉正彦
詹標執苗傅
苗傅翊劉正彦伏誅
王德編管爲殺陳彦章
編配林杞呂熙四

災祥門

祥瑞

却獻赤芝高宗建炎二
斥高衛上甘露圖二
貶宇文彬瑞禾圖七
賀瑞雪此後皆秦檜使人奏祥瑞
海清不受賀
却枯秸之瑞紹興元
得人安民爲上瑞五
却圓瓜之瑞十三
木柱天下太平字十四
宋蒼舒獻嘉禾

馮檝獻嘉禾十五　崇仁民産三男
臨川禾登九穗　馮檝奏雨豆甘露十六
郊祀三台星見　竹米瑞付史館十八
日有青赤黄珥十九　建康甘露降
郊祀帝坐三台星明　宋仲昌産三子二十
（建）〔遂〕寧府嘉禾瑞麥廿一　容州野蠶成繭廿二
仁宗室柱生芝草廿五　上言祥瑞不足紀
不許奏祥瑞廿六　賀太廟芝草廿七
治世何用芝草二十九　蝗不食稼過淮北
罷姚岳進死蝗孝宗乾道元　罷魯詧獻竹米
删郊祀奏祥瑞（八）〔九〕　南北豐兇之異九
郊祀得天貺　臘雪應期
以豐年爲真瑞淳熙四　不差官奏祥瑞六
以屢豐年爲喜　豐年是真祥瑞
日有戴氣七

災異

論不奏災異高宗紹興三
四川霖雨地震四
趙鼎奏地震乞罷六
張九成論惡念致災八
地震廿四　廿八　孝宗卅二〔乾道二〕
地震隆興元
戒廣德守奏水旱八
朱熹論災異八
雨土十一
詔水旱即時聞奏
汴京地震五
廣西大飢七
廣東鼠災十六
詔以災異自責隆興元
命奏水旱乾道四
淮東鼠災淳熙六
水旱先祈社稷十

天變

日中黑子高宗建炎三
雷雨之異四
日中黑子紹興元
彗出於胃二
太白犯前星
赤白雲氣之異
彗出會稽
金星晝見經天四

元旦日食五
金星犯畢六
日中黑子
太陽有異七
日中黑子九
秦檜賀日食十三
彗出東方十五
彗出西南十六
太白蝕月十九
流星晝隕廿六
彗出井宿間
天雨水銀
日食不見不賀廿八
流星晝隕
雷作非時三十
無雲而雷
白氣亘天
正旦日食卅一
雷發非時
風雷雨雪交作
汪澈陳俊卿論天變
彗出角
正旦日食卅二
大風拔木孝宗
郊祀雷雨乾道三
雨雹大雪四
彗出西方淳熙二

水災

泉州大水高宗紹興三

欽廉邕州大水（十）〔七〕

江浙福建同日水十四

襄陽大水廿二

命預備水患

潼川大水廿三

嘉陵江水溢廿八

諸邑大水三十

淮水之異卅二

淮水溢數百里

浙西水災孝宗

紹興府水淳熙四

湖台州水十二

火災

越州火寬失火罪　高宗紹興元

紹興府又火

臨安府火二　是歲又火

朝天門外火三

重失火罪

臨安兩次火

臨安夜火四

李光趙霈爭火災事六

臨安火命賑之

太平州鎮江府火七

寬失火罪條

臨安火九　是年又火

省部倉庫火十
建康府火十一
鎮江府太平等州火十二
太廟旁居民火十五
鎮江府火廿九
治不救火罪孝宗乾道六

旱蝗

命捕蝗高宗建炎二
大旱紹興三
宰執以旱乞罷五
江浙蝗孝宗卅二
江浙湖北旱淳熙八
淮東蝗九
詔太(乙)〔一〕宮等處禱雨十四
詔降香禱雨

附一　補遺

（案：這裏補遺指的是分類事目中没有收録，本書正文天頭上標注的事目，且爲了不打破原書的面貌，特將補遺按時間先後附於分類事目後。）

韓世忠以兵來衛高宗建炎元
劉光世以兵來衛
皇后撤簾
金國通問使
宗澤尹東京
許守倅誅高亢

太后發京師
恤兩河官吏軍民二
增役錢
張俊殺葉濃
討論常平法
上渡江
議往杭州
看詳章奏
杜充同知院
歲輸丁絹
上幸浙東
沈與求季陵罷四
許亭户折税紹興元
拘僱甲頭錢
録程頤後

御營卒作亂
宗澤再敗虜
復置學官
杜充尹京
軍民怨黄潛善三
上至鎮江
命郎官以上薦人
趙立知徐州
吕頤浩杜充並相
減膳應天變
收五色經制錢
虜拔楚州
斬郭仲威
復天文局學生
戮張琪

詔舉所知
冬至祀天
給俸養廉二
衡改限田議
張九成對策
秦檜欲專權
折帛錢之始
朱勝非復相
復睦親宅名
胡舜陟宣撫淮西
均敷丁錢絹米
治妄訴罪
論立法貴中
定銓試法
人心國之本四
惡周杞濫刑
申嚴科斂之禁
臺官賜出身
減荒田歲收
吕頤浩議出師
斬韓世清
論催税擾民
雨雹而雷三
虜入興元府
趙鼎宣撫江西
罷守臣辟通判
放生鹿
宰執因旱乞罷
復寺監丞
趙開再任

罷武尉
復史館名
憂民無辜受禍
金僞齊兵渡淮
上發臨安
漸圖恢復五
命漕臣度田
王九齡論役法
差保正罷保長
士琣還官
稽考常平義倉
禁重催旱傷税
上神宗實録六
因旱預修荒政
論守令賞罰

張浚以書抵虜
呂熙自便
愛惜名器
復用馬廣
獻女真俘
朋黨自破
均敷道州米
米貴賑糶
收税賦奇零數
論守令不良致盗
賣户帖
復差甲頭催税
乞勸分上户
宗室戚里不爲將相
喜雨霑足

上皇重司馬光
延守令問民疾苦
獎諭李綱
張浚諫回蹕議
引試效士
論范蠡君臣之義七
論息兵除科斂
贓吏不復黥配
論南兵可用
李綱因旱論事
再審量濫賞
劉錡帥淮西
上喜讀胡安國春秋
論朝廷之體八
上發建康
擢宏詞詹叔義等
王庶言和議
呂本中罷
不虛内以事外九
行在享禮
喜喻汝礪英論
喜樓炤蠲四川科敷
論仁祖聖德
胡世將除宣撫
秦檜怒張守
常平法壞
常平法不許他用
范振論雇役十事十
京西之捷
胡世將屢敗金虜

涇州之敗	邵俊等敗虜于汧陽
虜陷商州十一	王德進屯和州
王洋乞給舉子錢米	虜陷濠州
金人退	上閔雨
楊沂中賜名十二	徽宗梓宮歸
預羅備水旱	皇太后渡淮
加徽宗謚十三	乞頒御書經史
王循友乞根隱稅	復置捍江兵
王之望小東坡十四	除湖南身丁錢等
王鈇措置經界十五	僧道納免丁錢
增太學弟子員	立祚德廟于臨安府十六
申明鄉飲酒之制十七	親祠青帝
二郡王移節	論四川經界十九
論差役之弊	李椿年罷
看詳經界利害	秦檜二孫直閣

改虔州爲贛州廿三
差除合公議廿五
置六科舉士廿六
放丁絹一年
均内外任廿八
儲才制置四川
祀南郊
立限田差役法廿九
吳璘奏捷卅一
張榮全椒之捷
虞允文參謀
劉錡奏捷
上與宰執議和卅二
金安節繳劉允升
責監司守臣備荒孝宗乾道二
論役法之擾
治内侍納賄罪
論抑差耆長弊五
不許守臣薦通判
賑温台州水災
更差役法六
水旱當早備
募耆户壯丁
郡守以治兵爲先
召黄中
括免丁錢
詔均役限田
被水放身丁錢
革郊祀抛降弊
加太上帝后尊號七

用兵未及漢唐
內教鐵簾弩手
嚴非深文峻法
論軍中階級法
賑江西水災
嚴遏糴之禁[九]
措置救荒
禁私易官吏淳熙[二]
禁納苗重收耗[三]
守臣不拘文武
體訪二廣守臣臧否[四]
革丁絹二弊[五]
減蜀中折絹錢
耕租牛免充家力
删去繼絶户奏裁令
水旱預先措置
殿司弓箭手入內射
免淮浙丁鹽錢
乞分三農限田
革差役弊
詔改元淳熙
減三州丁絹額
龔茂良講求財用
詔獎劉珙
減徽州稅絹額
再均減井鹽額
弛魚池禁
詔戒重價折錢
稽考章奏式[六]
人臣功業係於君[七]

詔監司郡守公按刺
儲蓄以備凶荒
詔諸路賑饑
朱熹論浙東救荒
舉行荒政二事
賑兩浙饑九
大享明堂
夔路饑
放揀汰兵逐便十
以守臣臧否行賞罰
賑兩浙水
蔣繼周言義役之弊
賑京西饑
謝諤言義役之便十一
義役差役從民便
守臣功過相當
論守倅將迎費
賑江東西水災
禁置場買退絹
令前後政郡守申交割數
賑諸州水旱
余永弼等再任
不輕任淮郡守
收沙地蘆蕩税
黜安吉縣税色十二
議官民一例差役
命吏部銓量知州
黄啓宗再任
命丁逢遵守所言
不許知州按舉通判十三

留知州軍闕　不申嚴折税禁
王佀再任　嚴號令十四
頒役法撮要　戒數移郡守
修炎帝陵　看詳監司弊事
賑浙東旱　罰楊輔臧否怠慢
賑臨安饑十五　賑諸州水災
大享明堂　光宗即位十六

附二　名異實同者及重複者

（案：同一條目在分類事目中可以分屬不同門目中，且名稱不同，此按時間順序列出，以供參考。）

製中和堂詩（同「書中和堂詩賜張浚」）高宗建炎三
楊政方山原之捷（同「敗虜于方山原」）紹興二
吴玠敗虜仙人關（同「吴玠仙人關之捷」）四
議大合兵北討（同「合兵爲北討計」）五
張浚論爲治之道（同「張浚因曲謝論治」）紹興五

往鎮江視師（同「張浚以宰相視師」）紹興六
留秦檜留守（同「孟庾秦檜留守」）
賞淮陽之捷（同「開三鎮賜功臣號」）
詔舉監司郡守（同「命從官舉監司郡守」）七
光世軍叛降僞齊（同「酈瓊殺吕祉降劉豫」）
以張浚薦得用（同「薦劉錡大將才」）
辛次膺劾檜求出（同「辛次膺劾秦檜」）八
秦檜怒張戒逐之（同「張戒以乞留趙鼎罷」）
擢勾龍如淵中丞逐異議人（同「擢臺諫逐異議人」）
晏敦復言姦人相（同「晏敦復知其姦人」）
取詞科三人（同「擢宏詞詹叔義等」）
曾開以忤秦檜罷（同「逐曾開」）
林季仲直言邊事（同「林季仲直言得責」）
命劉光世吴玠分理（同「擇人守新疆」）九
喻汝礪以不附檜出（同「喻汝礪不答秦檜」）

世忠不受圩田(同「韓世忠持身廉」)
命王倫守東京(同「王倫留守東京」)
虜割河南歸我(同「虜許歸河南地」)
姚仲破虜于百通坊(同「姚仲百通坊之捷」)十
敗虜于長安城下(同「辛鎮長安之捷」)
楊從儀劫虜寨(同「楊從儀敗虜鳳翔」)
用兵在賞罰(同「論用兵在賞罰」)
田晟涇州之捷(同「田晟敗虜于涇州」)
中條山解州之捷(同「吴琦敗虜」)
令何鑄等攻罷岳飛(同「岳飛宫觀」)十一
除何鑄簽樞使虜(同「何鑄使虜」)
殺岳飛父子及張憲(同「岳飛爲秦檜所殺」)
楊從儀敗虜渭南(同「楊從儀敗虜」)
吴璘剡家灣之捷(同「吴璘敗虜剡家灣」)
楊政寶雞之捷(同「楊政敗虜寶雞」)

治不附和議罪（同「黄達如乞罪異論人」）十二
胡銓（昭）〔新〕州編管（同「竄胡銓」）
孟夏始用兩日（同「行在享禮」）九
再竄吉陽軍（同「竄趙鼎海外」）十四
竄李光瓊州（同「再竄李光」）
内教武藝至精（同「立冬月内教法」）十四
書閣名賜秦檜（同「書一德格天閣」）十五
宇文虚中死虜（同「宇文虚中死事」）
減四川激犒錢（同「減四川財賦」）〔十六〕
中禁科率（同「禁縣令掊斂科率」）
看詳便民事件（同「看詳裕民文字」）十八
御製畫像贊（同「製秦檜畫像贊」）十九
書秦檜父碑（同「御書秦檜父墓碑」）二十
巫伋無祈請使之詞（同「巫伋投書而還」）二十
楊煒蕭振被竄煒坐上李光書（同「再責李光楊煒等」）〔廿二〕

秦檜排程頤（同「秦檜毁程頤」）二十三
製黄元贊（同「賜黄元道人號并贊」）二十八
虞允文捷于采石（同「虞允文采石之捷」）三十一
吴璘除宣撫（同「吴璘宣撫四川」）
虜敗盟入寇（同「虜分道入寇」）
李寶膠西之捷（同「李寶破虜舟於膠西」）
劉（錡）〔汜〕敗于瓜洲鎮（同「劉汜瓜洲之敗」）
虞允文却虜于采石（同「虞允文采石之捷」）
姚仲敗於北嶺（同「姚仲北嶺之敗」）三十二
張浚創萬弩營（同「創萬弩營」）
吴璘德順軍之捷（同「吴璘復德順軍」）
張浚復都督（同「張浚都督江淮」）孝宗隆興元
張浚復右相（同「湯思退張浚並相」）
張俊〔浚〕宿州之捷（同「復靈璧虹縣宿州」）
盧仲賢辱命（重複）

論虜酋侈靡（同「以虜酋侈靡自儆」）乾道三
命守臣劾貪懦（同「命相度廣西鹽事」）六
賜陳升卿出身（同「陳升卿賜出身入臺」）九

中興兩朝聖政分類事目終

增入名儒講義皇宋中興聖政卷之一

高宗受命中興全功至德聖神武文昭仁憲孝皇帝紀〔一〕

紅光照室
進封康王
夢賜御袍
爲兵馬大元帥

建炎元年即靖康二年。上，道君皇帝之第九子也，母曰賢妃韋氏。以大觀元年五月乙巳夜生於宮中，紅光照室。宣和三年十二月壬子，進封康王。上博涉經史，道君問以古事及應詔制述，率常稱旨。嘗侍道君習射於鄆王府，上挽弓至一石五斗。宣和末，金虜入寇〔二〕，淵聖受禪，虜騎抵城下〔三〕，遣使請和，欲得親王、宰相爲質。上毅然請行，遂命少宰張邦昌副上使於虜寨。時列兵四遶，上意閑暇如平日，會都統姚平仲以所部兵劫寨，虜以用兵責使者。邦昌懼而泣，上止之曰：「爲國家，何愛身耶！」虜由是憚之，不欲上留，更請肅王。靖康元年閏十一月，上在相州，與幕府從容語曰：「夜來夢皇帝脱所御袍賜吾，吾解舊衣而服所賜，此何祥也？」頃之，京師使人秦仔賫蠟詔，命上爲兵馬大元帥，上捧詔嗚咽。

張邦昌僭位

二年即建炎元年三月丁酉，虜人以張邦昌僭位〔四〕。夏四月庚申朔，虜退〔五〕。癸亥，邦昌册元祐孟皇后爲宋太后，御延福宮，探事人張宗得金虜僞詔及邦昌僞赦〔六〕，并迎立太后書。上揮涕大慟，期身先士卒，追二聖於河北，諸將固諫，乃止。戊辰，邦昌尊太后爲元祐太后，入居禁中，恭請垂簾聽政，以俟復辟。

邦昌退處資善堂

庚午，元祐皇后御内東門小殿垂簾聽政，邦昌以太宰退處資善堂。

宗澤獻五事

壬申，副元帥宗澤聞京城反正，爲書貽上言：「今日國之存亡，在大王行之得其道與不得其道耳。所謂道者，其説有五：一曰近剛正而遠柔邪；二曰納諫諍而去諂諛；三曰尚恭儉而抑驕奢；四曰體憂勤而忘逸樂；五曰進公實而退私僞。」澤謂所親曰：「怨結王之左右矣！不恤也。」

張邦昌勸進

汪藻草迎立詔書

癸酉，張邦昌率百官上表勸進，太常少卿兼權起居舍人汪藻爲表文曰：「二帝出郊，既蒙塵而未返；九祧乏祀，將攝祼以爲名。使生靈相顧以無歸，雖溝瀆自經而奚益？輒慕周勃安劉之計，庶幾程嬰存趙之心。」上不許。

元祐皇后降手書

甲戌，元祐皇后告天下手書曰：「緬惟藝祖之開基，實自皇天之眷命〔七〕。歷年二百，人不知兵；傳序九君，世無失德。雖舉族有北轅之釁，而敷天同左祖之心。乃眷賢王，越居舊服〔八〕，已徇群臣之請，俾膺神器之歸。繇康邸之舊藩，嗣宋朝之大統。漢家之厄十世，宜光武之中興；獻公之子九人，惟重耳之尚在。兹爲天意，夫豈人謀？尚期中外之協心，同定安危之至計。」

告令不須詞臣

先是，吕好問言：「今日布告之書，當令明白易曉，不必須詞臣。」遂命汪藻草書，看詳行下。

种廣等死陝州

乙亥，金人陷陝州，知州事种廣死之，監酒務劉逵戰死，都監朱弁、監甘棠驛孫旦悉遇害。

丙子，范瓊爲龍神衛四廂都指揮使，録京城彈壓之功也。

朱勝非械邦昌使者

戊寅，直龍圖閣朱勝非至濟州。勝非，邦昌友壻也，械繫邦昌使者，以兵來衛。

韓世忠以兵來衛

世忠軍赴帥府

宣總司前軍統制韓世忠，膚施人，少年善鬭。嘗犯法當死，簽書彰武軍節度判官公事陳豫惜其勇，白經略使釋之。始隸延安兵籍，已而爲王師部曲〔九〕，從討諸盜，屢有功，至是以其軍赴帥府，遂衛上如南京。

劉光世以兵來衛

光世五軍都提舉

庚辰，上發濟州，命張換、孔彥威、劉浩、丁順等悉以其軍從。鄜延路馬步軍副總管劉光世引所部兵來會，上以光世爲五軍都提舉。

癸未，上至南京。

乙酉，張邦昌見上，伏地慟哭，請死。上以客禮見，且慰撫之。邦昌請死

忠州防禦使屈堅爲金人所殺。屈堅死虜

上皇過河十餘日，謂管幹龍德宫曹勛曰：「我夢四日並出，此中原争立之象。不知中原之民，尚肯推戴康王否？」翌日，出御衣三襯，自書領中曰：「可便即真，來救父母。」又諭勛曰：「如見康王，第奏有清中原之策，悉舉行之，毋以我爲念。」又言：「藝祖有誓約，藏之太廟，誓不殺大臣及言事官，違者不祥。」藝祖誓書不殺大臣及言事官

五月庚寅朔，上即皇帝位於南京，改元建炎。康王即位于南京

臣留正等曰：堯、舜所以高出百王者，以其得天下及其傳天下而知之。湯有慙德，武未盡善，況於後世乎？漢高祖、唐太宗號爲賢君，然其得天下也，以争；其傳天下也，幾以致亂。大哉！太祖皇帝之受命，與太上皇帝之中興也！謳歌獄訟，歸而不釋，則不得已而履大位。及夫爲天下得人，則舉成業授焉。不詢群臣，不謀卜筮，惟視天意之所在而已。自堯、舜以來數千載，始有太祖及我太上皇帝，豈非希闊甚盛之

際哉！

龜鑑曰：群陰翳，大明出。群籟喧，大聲發。天下事激之則起，不激則靡。天之開聖人，蓋如是也。且我高宗之生，紅光薦瑞，蓋大觀之元年也。是年，金人欲背遼國，已三歲矣。以夷事夷〔一〇〕，然猶背之，豈能終事我哉？戎心之不臧〔一一〕，天實知之，於是亟生吾聖人以平之。我高宗之封，靖康著符，蓋宣和之三年也。是時金人倚我爲助，又五歲矣。以燕伐燕，虐尤甚焉，安知其不加諸我哉？國事之失圖，天實念之，於是大任吾聖人以定之。迨其末年，四郊多壘，虜於我乎請命〔一二〕，我以單車臨之，而見者奪氣。靖康改元，不虞荐至，虜於我俟命，我又以一身當之，而聞者縮頸。至相而百姓遮道，次濟而父老迎謁，人心歸矣。渡于河而河冰合〔一三〕，至磁州而神馬迎，天心眷矣。開府之初，宗澤自磁至，王麟自潞至，梁揚祖自信德府至，張俊、楊沂中皆已在麾下。即位之日，劉光世自鄜延至，路允迪、范宗尹自京師至，則天下豪傑之心歸矣。而況賜袍之夢已應，賜帶之言已驗。勸進之書雖上，而東鄉西鄉，且謙遜而不受。惟三月丙寅，張邦昌以稱臣之意至，越翼日，丁卯，謝克家以「受命之寶」至，四方民大和會，侯甸群后咸在，然必俟道君「便可即真」之劄〔一四〕，然後不得已而就南京踐天子位焉，此與肅宗即位靈武之事異矣。

即位大赦

大赦天下，應中外有文武才略出倫，或淹布衣，或沈下僚，禁從、監司、郡守廣行搜訪。應誤國害民之人見流竄者，更不收敘。應民户借貸常平錢穀，並與除放，常平散斂青苗錢穀，亦令住罷。祖宗以來，上供皆有常數，後因奏請增加，當裁損以紓民力。州縣受納税賦，務加概量，以規出剩，可並行禁止。應臨難死節、出使軍前及没于王事，優與褒賞。應干民間疾苦，並許中外臣庶詳具利害陳述。

臣留正等曰：自古人君即政之初，必有以大慰天下之望。故事，有利於民而未興者，則興之；有不便於民而未去者，則去之。雖以舜而繼堯，號爲重華協帝，相授一道。然猶舉前世之未舉者，如十六相。去前世之未去者，如四凶。命九官，使各居其任。肇十二州，使各有其土。況時異事殊，可無所因革，以一新大政乎？春秋記列國之君爲政，必有施舍已責，逮鰥寡，振廢滯等事，列國猶爾，況有天下之君乎？是宜太上皇帝之始即政也，求文武才略之士，絕姦邪誤國之人。以散斂青苗，與夫上供之所增加，稅賦之規出剩，皆政之所宜革者，而悉罷去之。以褒賞死節，講求民瘼，皆務之所宜先者，而悉舉行之。即斯數者，則其餘可以類見。夫是以天下之人心，皆翕然欣戴於已成，中興之業而垂諸無窮也。

汪黃執政

黃潛善爲中書侍郎，汪伯彥同知樞密院事。

皇后撤簾

元祐皇后在東京，是日撤簾。

辛卯，尊乾龍皇帝爲孝慈淵聖皇帝，元祐皇后爲元祐太后。

修宣仁謗史

詔宣仁聖烈皇后保祐哲宗，有安社稷大功，姦臣懷私，誣蔑聖德，著在史册。可令國史院差官摭實刊修，播告天下。

龜鑑曰：罷青苗錢，蠲常平穀，裁損上供歲增之數，禁止州縣納租，概量賦斂違法之弊，是所以回建隆至仁之脈。而曩時誤國害民如京、貫、黼、勔等，子孫更不復敘，又所以懲崇、觀不仁之轍。詔改宣仁謗史，追貶確、卞、邢恕〔一五〕，此張敬夫所謂此撥亂反正之閎綱，古今人心之天理也。是以天下之人心，皆翕然欣戴於已成中興之業，而垂諸無窮也。〔一六〕

邦昌封郡王

壬辰，張邦昌封同安郡王，五日一赴都堂，參決大事。

范訥爲京城留守。

癸巳，立嘉國夫人邢氏爲皇后。

門下侍郎耿南仲提舉杭州洞霄宮。上薄南仲之爲人，因其告老，遂有是命。

召相李綱
與李綱忤

甲午，資政殿學士李綱爲尚書右僕射兼中書侍郎，趣赴闕。先是，黃潛善、汪伯彥自謂有攀附之勞，虛相位以自擬。上恐其不厭人望，乃外用綱，二人不平，繇此與綱忤。

龜鑑曰：當時天下人望之所屬者，李忠定公一人而已。上不自內用汪、黃而自外召綱，則高宗之志於恢復可見矣！觀上未即位時與公書云：「王室多故，乘輿蒙塵，方今生民之命急於倒垂，非有不世之才，何以成協濟之功。」讀此書，則高宗屬意於綱久矣。

傅亮勁直

傅亮通判滑州。亮爲人勁直不能屈折，上疏曰：「陛下能歸東都，則臣能守滑；陛下未歸，則臣不能守也。」執政摘其語，以爲悖傲不遜，降通判河陽。

權應天府朱勝非召試中書舍人。

乙未，宋齊愈試起居郎。齊愈自京城走行在，自言以病在告，不與僞楚事，故擢用之。

受僞命者稍引退

王時雍提舉成都府玉局觀。自是受僞命者，稍稍引退矣。

命奏天文休咎

詔自今天文休咎，並令太史局依經奏聞，如或隱蔽，當從軍法。

李綱言時事

李綱行至太平州，聞上登極，上疏論時事，大略謂：「和不可信，守未易圖，而戰不可必勝。此三者，臣慮之至熟，非望清光於咫尺之間，未易殫言。」又言：「恭儉者，人主之常德；英哲者，人主之全才。繼體守文之君，則恭儉足以優於天下。至於興衰撥亂之主，則非英哲不足以當之。惟其英，故用心剛，足以斷大事，而不爲小故之所搖；惟其哲，故見善明，足以任君子，而不爲小人之所間。在昔人君體此道者，惟漢之高、光，唐之太宗，本朝之藝祖、太宗。願陛下以爲法。」

曹輔陳五事

丙申，尚書右丞吕好問兼門下侍郎。

簽書樞密院事曹輔薨。始，輔至南都，首陳五事：「一曰分屯要害，以整兵伍；二曰疆理新都，以便公私；三曰甄收人才，駕馭用之；四曰經理盜賊，恩威並行；五曰裂近邊之地，爲數節鎮，以謹防秋。」上嘉納。

執政兼御營使

丁酉，中書侍郎黄潛善兼御營使，同知樞密院事汪伯彦兼御營副使。

置御營司

自國初以來，殿前、侍衛馬、步司三衙禁旅，合十餘萬人。靖康末，衛士僅三萬人。及城破，所存無幾。至是，殿前司以殿班指揮使左言權領，而侍衛二司猶在東京，禁衛寡弱。諸將楊惟忠、王淵、韓世忠以河北兵，劉光世以陝西兵，張俊、苗傅等以帥府及降盜兵，皆在行朝，不相統一。於是始置御營司，以總齊軍中之政令。因其所部爲五軍，以真定府路馬步軍副總管王淵爲使司都統制，諸將韓世忠、張俊、苗傅等並爲統制官，又命鄜延路馬步軍副總管劉光世提舉使司一行事務。

朱勝非辭氣嚴重

中書舍人朱勝非兼權直學士院。時庶事草創，書詔填委，而院無几案，勝非常憑敗鼓草詔，然辭氣嚴重如平時。

贈李若水官
戊戌，詔：「故尚書吏部侍郎李若水，忘身徇國，知死不懼，可特贈觀文殿學士，賜其家銀帛五百匹兩，官子孫五人。」

金國通問使
修職郎王倫假刑部侍郎，充大金通問使。黄潛善、汪伯彦共議改傅雱爲祈請使。時潛善等復主議和，因用靖康誓書，畫河爲界。

下革弊詔
己亥，手詔天下曰：「朕將謹視舊章，不以手筆廢朝令，不以内侍典兵權。容受直言，斥去浮靡。非軍功無異賞，非戎備無僝工。若群臣狃于故習，導諛諱過，大臣蔽賢，所舉非實，臺諫糾慝，有言非公。凡此之屬，必罰無赦。」

龜鑑曰：治天下不出此數十條，回天下之勢者，在人主一動念、一轉手間耳。觀此一詔，則高宗惻然之心，實然之政，真足以轉移天心，而感動人心，中興之業已卜於此矣！

李綱誅周德等
李綱誅軍賊周德于江寧。德既作亂，會經制司屬官鮑貽遜統勤王兵至城下，江淮發運判官方孟卿檄貽遜進兵，逼城，德乃受招，而擐甲乘城，殺掠如故。綱至太平州，遣使諭以勤王，德始受綱節制，然猶桀驁，不以時登舟，欲乘間遯去。綱次江寧，遂與江南東路權安撫司事李彌遜謀大犒群賊，于轉運司執德與其徒聶旺，皆磔於市。又誅亂黨四十四人。

責靖康議和罪

庚子，詔以靖康大臣主和誤國，特進李邦彦責授建寧軍節度副使、安置潯州；責授崇信軍節度副使、涪州安置吴敏移柳州；責授秘書少監、亳州居住蔡懋移英州。遂責提舉南京鴻慶宫李棁于惠州，提舉亳州明道宫宇文虚中韶州，提舉亳州明道宫鄭望之連州，提舉杭州洞霄宫李鄴賀州，並安置。邦彦、敏，靖康初共政，棁、虚中、望之、鄴皆使虜請割地者〔一七〕，故責之。

顔岐請罷李綱

辛丑，詔張邦昌可依文彦博例，一月兩赴都堂。先是，御史中丞顔岐言：「邦昌，金人所喜，雖已爲三公，宜加同平章事，增重其禮。李綱，金人所不喜，雖已命相，宜及其未至，罷之。」會邦昌累章求退，故有是命。岐又請罷綱，章五上。上曰：「如朕之立，恐亦非金人所喜。」岐乃退。

梁揚祖措置茶鹽

壬寅，江淮等路發運使梁揚祖提領措置東南茶鹽公事，尚書工部員外郎楊淵同提領，置司真州。時東北道梗，鹽筴不通。揚祖言：「真州，東南水陸要衝，宜遣官置司，給賣鈔引，所有茶鹽錢，並充朝廷封樁，諸司毋得移用。」朝廷以爲然，故有是命。

論賣國罪

試開封尹徐秉哲提舉江州太平觀。延康殿學士趙子崧言：「臣聞京城士人籍籍，謂王時雍、徐秉哲、吴幵、莫儔、范瓊、胡思、王紹、王及之、顏博文、余大均，皆左右賣國。伏望將此十人付獄鞫治，明正典刑，以爲萬世臣子之戒。」

癸卯，太常寺主簿張浚充樞密院編修官。

張叔夜死虜

乙巳，簽書樞密院事張叔夜薨。叔夜既北遷，道中惟時飲湯，義不食其粟。至白溝，御者曰：「過界河矣。」乃仰天大呼，翌日，扼吭死。時上聞叔夜與御史中丞秦檜之忠，遥拜叔夜觀文殿學士、醴泉觀使；檜落致仕，充資政殿學士、提舉醴泉觀。而何㮚、孫傅輩以誤國，故不得録。㮚至虜中〔一八〕，不食死；傅北遷後，不知所終。

追貶蔡確等

丙午，追貶蔡確、蔡卞、邢恕，坐誣謗宣仁后，且自言有定策功也。

郝仲連死河中府

金人陷河中府〔一九〕，權府事郝仲連死之。

大事記曰：吾觀元年虜之入寇三道也〔二〇〕，不惟監司、帥守，如西京之孫昭遠、同州之鄭驤、濰州之韓浩、潁昌府之孫默〔二一〕、秦州之李積、淮寧府之向子韶〔二二〕、相州之趙不試、大名府之郭永、濮州之楊粹中、開德府之楊棣〔二三〕、晉寧軍之徐徽言、長安之唐重、楊宗閔、桑景詢、曾謂、郭忠孝皆死於義〔二四〕。雖以通判如郝仲連、郭伯振，縣官如陸有常、張侃、丁興宗、郭贊、一將一校如李政、杜績、趙叔皎、楊彭年，亦死於義，降者惟劉豫、傅亮等三人耳。彼之所以固守者，以朝廷必不棄而必有援兵也。而元年即位之赦，刑部指揮已不謄報于河之東、北、陜之蒲、解，是明棄三路矣。使忠臣義士守孤城以待盡，惜哉！

丁未，曹勛自燕山遁歸。宣仁皇后令勛奏上，以再使軍前時，有宫人見四金甲神人持弓劍衛上。

金甲神衛上

庚戌，徽猷閣待制宗澤知襄陽府。時黄潛善等不欲澤居中，故有是命。

乙卯，監察御史張所按視陵寢還，上疏言：「恭聞行在留南京，軍民俱怨，道路籍籍，不知誰爲此謀者？今亟還京城，誠有五利：奉宗廟，保陵寢，一也；慰安人心，二也；繫四海之望，三也；釋河北割地之疑，四也；早有定處，而一意於邊防，五也。一舉五利而陛下不爲，不知誰爲此謀者？臣知其必無長策，曾不過緩急之際，意在南渡，殊不知國家之安危，在乎兵之强弱、將相之賢不肖，而不在乎都之遷與不遷也。誠使兵弱而將相不肖，雖云

張所請還京

張所以論汪黃竄

渡江而南，安能自保？大河不足恃，則大江不足恃亦明矣。」又條上兩河利害。上欲以其事付所，會所復言黃潛善兄弟姦邪不可用，恐害新政。潛善引去，上諭旨留之，乃罷所言職。尋責鳳州團練副使、江州安置。

戊午，太常少卿周望充大金通問使，武功大夫趙哲副之。初遣傅雱使虜〔二五〕，未行，朝論欲更遣重臣以取信，乃更命望。

士㒟以論汪黃斥

是月，皇叔光化軍節度使士㒟知南外宗正事。士㒟首論大臣誤國，故黃潛善斥之。

范宗尹顏岐論李綱

六月己未朔，新除尚書右僕射李綱至行在。先是，右諫議大夫范宗尹故主議和，乃言：「綱名浮於實，而有震主之威，不可以相。」章三上，不報。詔中使王嗣昌趣綱入覲。綱至姑熟，中丞顏岐遣人持劾副以遺綱。上聞綱且至，命徽猷閣學士董耘往勞，又命執政燕綱于金果園，綱力辭。上趣召入

李綱辭命

見於内殿，綱涕泣，上亦感動。綱辭新命，且言：「臣愚惷，但知有趙氏，不知有金人，固宜爲其所惡。然岐之論臣，謂材不足以任宰相，則可；謂爲金人

李綱自辯

所惡則不當爲相，則不可。且爲趙氏之臣，而金人喜之，而反可以爲相，則自古賣國以與人者，皆爲忠臣矣。外廷之論如此，臣豈敢當此任？願乞身

以歸田里。至於陛下命相，于金人所喜、所惡之間，更望曲留聖慮。」上曰：「朕知卿忠義智略甚久。在靖康時，嘗欲言於淵聖，使夷狄畏服〔二六〕，四方安寧，非相卿不可。今朕此志已定，卿其勿辭。」綱頓首謝。

宗澤入對上三事

新知襄陽府宗澤自衛南分兵屯河上，以數百騎赴南都。是日，入對。澤首上三事：其一論人主不可以喜怒爲賞罰；其二論人主職在任相，願於稠人廣衆中，不以親踈、不以遠近，虛心謹擇，參以國人左右之言，爰立作相，而毋使小人參之；其三論諫官人主耳目，臣下有懷姦藏慝、嫉賢閉善者，當使耳目之官瀝心彈糾，毋有所隱，以絶後艱。上納其言，將留澤，而黄潛善、汪伯彥惡之，乃令之襄陽。

出宗澤知襄陽

留身上十議

庚甲，詔李綱立新班奏事。執政退，綱留身，上十議：其一曰議國是，大略謂「今日之事，欲戰則不足，欲和則不可。竊恐國論猶以和議爲然，蓋以二聖播遷，非和則所以速二聖之禍。臣竊以爲不然。漢高祖與項羽戰于滎陽，太公爲羽所得，置之几上者屢矣。高祖不顧，其戰彌厲，羽卒不敢害而還太公〔二七〕，然則不顧其親而戰者，乃所以還太公之術也。爲今之計，莫若一切罷和議，專務自守之策，建藩鎮於要害之地，置帥府於大河及江、淮之南，修城壁，治器械，教水軍，習車戰，使其進無抄掠之得，退有邀擊之患，則雖有出没，必不敢深入。三數年間，軍政益修，甲車咸備，然後大舉以討之，報不共戴天之仇，雪振古所無之恥。彼知中國自强如此，豈徒不敢肆兇，而二聖有可安之理矣。」

二曰議巡幸，大略謂「天下形勢，關中爲上，襄、鄧次之，建康又次之。今四方多故，除四京外，宜以長安爲西都，襄陽爲南都，建康爲東都。各命守臣葺城池，治宫室，積糗糧，以備巡幸。三都成而天下之勢安矣！陛下用臣此策，其利有三：一則藉巡幸之名，使國勢不失於太弱；二則不置定都，使夷狄無所窺伺〔二八〕；三則四方望幸，使姦雄無所覬覦。議者或欲留應天，或欲幸建康，臣以爲皆非計。夫汴京，宗廟社稷之所在，天下之根本也。陛下即位之始，豈可不一見宗廟，以安都人之心？願先降赦榜，以修謁陵寢爲名，擇日巡幸。計無出於此者。」

三曰議赦令，大略謂「惡逆不當赦，選人不當盡循資，罪廢之人不當盡復。」

四曰議僭逆，大略謂「張邦昌久與機政，擢冠宰司。國破而資之以爲利，君辱而攘之以爲榮。願肆諸市朝，以爲亂臣賊子之戒。」

五曰議僞命。大略謂「國家更大變，士大夫屈膝於僞庭者，不可勝數，宜等差定罪，以勵士風。」

六曰議戰，大略謂「軍政久廢，宜一新紀綱、信賞必罰。」

七曰議守，大略謂「沿河及江、淮措置抗禦，以扼虜衝〔二九〕。」

八曰議本政，大略謂「崇、觀以來，政出多門，閹宦、女謁皆得以干預朝政〔三〇〕。所謂宰相者，保位固寵，而不敢言，遂至紀綱紊亂，宜一歸之中書。」

九曰議責成，大略謂「靖康間進退大臣太速，功效蔑著。宜擇人而久任之，以要成功。」

十曰議修德，大略謂「上初膺天命，宜益修孝悌恭儉之德，以副天下之望。」上與黄潛善等謀之，翌日，出其章付中書，惟僭逆、僞命二章不下。

竄徐秉哲

開封尹徐秉哲梅州安置。

壬戌，李綱同執政進呈議國是劄子，上曰：「今日之事，正當如此，可付中書省遵守。」次進呈議巡幸劄子，上命促留守司修治京城，祗備車駕還闕，款謁宗廟。詔永興軍、襄陽、江寧府增葺城池，量修宮室、官府，以備巡幸。

奏僭逆僞命事

執政退，綱留身奏：「張邦昌僭逆，及受僞命臣僚二事，皆今日政刑之大者，乞早賜施行。」上曰：「執政中有與卿論不同者，少遲議之。」綱曰：「臣請與之廷辯。」上乃召黃潛善、呂好問、汪伯彦再對。上語之故，潛善猶力主之，綱詰難再三，曰：「邦昌當正典刑，而反尊崇之如此，何也？況其已僭逆，豈可留之在朝廷，使道路指目曰：此亦一天子哉！」因泣拜曰：「臣不可與邦昌同列，正當以笏擊之。陛下必欲用邦昌，第罷臣，勿以爲相，無不可者。」伯彦曰：「李綱氣直，臣等不及。」上曰：「卿欲如何措置？」綱曰：「邦昌之罪，理當誅夷〔三一〕。陛下以其嘗自歸，貸其死而遠竄之，受僞命者等第謫降可也。」

李綱乞竄邦昌

上乃出綱奏。

置檢鼓院

置官看詳封事

詔置檢、鼓院於行宮便門之外，差官權攝。李綱言：「今日急務，在通下情。」乃置院以達四方章奏。綱又請置看詳官二員，臣民封事，簽擬可行者，將上取旨。從之。

呂頤浩復用

呂頤浩爲徽猷閣直學士、知揚州〔三二〕。宣和末，頤浩爲燕山府路都轉運使。金人入寇〔三三〕，郭藥師執之以降，已而得歸。至是復用。

癸亥，中書侍郎黃潛善爲門下侍郎兼權中書侍郎。

竄邦昌及僞命臣僚

竄僞命臣僚

太傅、同安郡王張邦昌責授昭化軍節度副使、潭州安置，次議僞命臣僚。李綱言：「王時雍等四人與金人傳導指意，議廢趙氏，又受僞命爲執政，宜爲罪首。」上顧呂好問，好問曰：「誠有之。」時徐秉哲已先竄，於是移王時雍高州、吳幵永州、莫儔全州，並安置。

龜鑑曰：公之十議一施，而議僭叛、議受僞命二章獨留中而不下。綱曰：「此刑政之大者。」蓋爲臣之罪，莫甚於僭叛，莫甚於從僞，此而不誅，何以正朝廷？何以示百官？何以曉天下？何以懲戒萬世之事君者？上之所以未遽行此，以祖宗不忍輕用刑誅，不忍于殺大臣也。故夫祖宗之所以不忍者，豈不忍於此輩哉？君不忍於其臣，臣反忍於其君。邦昌忍于易姓，忍于負宗社；王時雍之徒忍于覆國，忍於事異姓，苟可以謀身者，皆無所不忍。傳曰：「人將忍君。」嗚呼，此輩非忍君者乎！管、蔡至親，周公亦忍而誅辟之，不以議親之法而滅也。若使覆宗社而無誅，宗社何罪焉？棄主事僞而無刑，彼盡忠守節者何辜焉？

贈霍安國官

故知懷州霍安國以死節顯著，贈延康殿學士。

詢訪死節

請贈恤死節

李綱言：「自崇、觀以來，朝廷不復崇尚名節，故士大夫寡廉鮮恥，不知君臣之義。靖康之禍，視兩宮播遷如路人，然罕有能伏節死義者。在内惟李若水，在外惟霍安國，死節顯著，餘未有聞。願詔諸路詢訪，優加贈恤。」始，上知若水之忠，首賜詔書褒贈，至是，綱有請，遂自安國及劉韐已下，次第褒録之。

論漢高光唐太宗君德

李綱三君紀要録

李綱留身奏事。上曰：「卿昨日内殿爭邦昌事，内侍皆涕泣。卿今可受命矣！」綱因論：「自古創業中興之主，如漢高光、唐太宗，皆有英明之資，寬誠之德。仁厚而有容，果斷而不惑，故能戡定禍難，身致太平。」因請以所編三君行事紀要録以進，上可之。

乞置兩河招撫經制司

甲子，李綱兼御營使。時河東、北所失纔十餘郡，餘皆爲朝廷固守。綱言：「今日中興規模，有先後之序，當修軍政，變士風，裕邦財，寬民力，改敝法，省冗費，誠號令，信賞罰，擇帥臣，選監司，使吾政事已修，然後可議興師。而所急者，當先理河北、河東，蓋兩路國之屏蔽。河北惟失真定等四郡，河東惟失太原等六郡，其餘皆在。且推其土豪爲首，多者數萬，少者數千。謂宜於河北置招撫司，河東置經制司，擇有才者爲使，以宣陛下德意。

有能保一郡者，寵以使名，如唐之方鎮，俾自爲守，則無北顧之憂矣。」上曰：「誰可任此者？」綱請詢訪其人以奏，上許之。

大事記曰：嗚呼！建炎之初，肩背初失之時也。河北惟失真定等四郡，河東惟失太原等六郡，其他固在也。天下之勢，不進則退，進則當主李綱經理兩河之議、宗澤留守之計，則不惟故疆可全，而讎恥亦可復也。退則不惟河北、河東不可保，而河南亦不可保，不惟淮甸不可保，退而渡江，退而航海矣！

召胡安國不至

知通州胡安國、提舉杭州洞霄宮許景衡並試給事中，提舉亳州明道宮劉珏試中書舍人。靖康末，三人俱在後省，坐黨附李綱斥去，至是並用之。景衡、珏聞命，冒暑赴朝，安國辭不至。

召張所傅亮

乙丑，召張所、傅亮赴行在。初，李綱既建經撫兩河之議，欲薦用所，然以其嘗言黄潛善之故，頗難之。一日過潛善，從容言曰：「今河北未有人，獨一張所可用。公能先國事，後私怨，不亦美乎？」潛善許諾。上悦，乃召用焉。

詔兩河堅守

丁卯，手詔河東北郡縣，諭令堅守。詔略曰：「河東、河北，國之屏蔽也，朝廷豈忍輕棄？方命帥遣師，以爲聲援。應州縣守臣，能竭力保有一方，及能力戰破賊者〔三四〕，當授以節鉞；應移用賦税，辟置將吏，並從便宜。其守臣皆遷官進職，餘次第録之。」

命諸路詢訪死節者以聞。

喻汝礪論遷都

奇喻汝礪

尚書祠部員外郎喻汝礪爲四川撫諭官。初，汝礪自京師入見，上復命爲郎。汝礪因對，論遷都利害，以爲中原決不可舍，以爲興王之資；汴都決不可遷，以陷狄人之計〔三五〕。既對，上命赴都堂與李綱語，綱大奇之。汝礪尋以母老乞歸省，遂除撫諭官，且令督輸四川漕計、羨緡及常平錢物。汝礪入辭，復奏言：「金人決渡河，陛下宜亟爲之防，毋以宴安之故，而成此鴆毒。」上嘉納之。

黄潛善等主和

宗澤言三路利害

戊辰，新知襄陽府宗澤知青州。澤聞黄潛善等復唱和議，上疏言：「河之東、北、陝之蒲、解，此三路者，祖宗基命之地，奈何輕聽姦邪附賊者張皇之言〔三六〕，遂自分裂？今日之事，正宜與賊弗共戴天，弗與俱生！今四十日矣，未聞有所號令，但見刑部指揮，不得謄播赦文於河東、河北、陝之蒲、解，茲非新人耳目也，是欲蹈東晉既遷之覆轍，裂王者一統之緒，爲偏霸耳。爲是説者，不忠不孝之甚！臣雖駑怯，當躬冒矢石，爲諸將先。」上壯之，以澤知青州。初，澤至南都見李綱，與之語國事，澤慷慨流涕。時開封尹缺，綱爲上言：「綏集舊都，非澤不可。京師，根本之地，新經擾攘，人心未固，不得人以撫之，非獨外憂，且有内變。」上許之，徙澤知開封府。

薦宗澤知開封府

龜鑑曰：自綱之入爲右僕射也，以英哲全德勉人主，以修政攘夷爲己任〔三七〕。抗忠數疏，中時膏肓。和守之議決而國是明，僭逆之罪正而士氣作，幸都之謀定而人心安。他如修軍政、變士風、定經制、改弊法，置檢、鼓院以通下情，置賞功司以伸國法，減上供之弊以寬州縣，修茶鹽之法以通商賈，剗東南官田而募民給佃，倣保甲弓箭手而官爲教閲。招兵買馬，分布要害，遣張所招撫河北、王𤫊經制河東、宗澤留守京城，西顧關陝，南葺樊、鄧，且將益據形便，以爲必守中原之計。此朱文公謂「李綱入來，方成朝廷」者，正謂此也。

辛未，以賢妃潘氏生皇子，赦天下。李綱爲上言：「河東、北兩路爲朝廷

皇子生

論赦令不及兩河

論恩恤不及勤王師

經理兩河

頒軍制二十一條

增置射士

宗澤拘虜使

堅守，而赦令不及。人皆謂已棄之，何以慰忠臣義士之心？至於勤王之師，雖未嘗用，然在道半年，亦已勞矣。恩恤不及，後復有急，何以使人？願因今赦，並示德意。」上嘉納。

壬申，李綱請降見錢鈔三百萬緡，賜兩河市軍需，因遣使臣賁夏藥，偏賜兩河守臣、將佐，且命起京東夏稅絹於北京〔三八〕，川綱、河東衣絹於永興軍，以待支俵。於是人情翕然，應募者甚衆。

頒軍制二十一條，凡師行鹵掠若違節制者，死；臨陣先奔者，族；敗軍者，誅全隊；一軍危急而他軍不救者，刑主將。餘如將法從事。

乙亥，同知樞密院事汪伯彥請兩河，京東、西增置射士，縣五百人。從之。時諸路盜賊多，故有此請。

宗澤至東京，自虜騎退歸〔三九〕，樓櫓盡廢，諸道之師雜居寺觀。盜賊縱橫，人情洶懼。澤至京，下令曰：「爲盜者，贓無輕重，並從軍法。」由是盜賊屏息，人情粗安。一日，有虜使牛大監等八人〔四〇〕，以使僞楚爲名，直至京師，澤曰：「此覘我也。」即白留守范訥械繫之，且以聞于朝廷。

戊寅，同知樞密院事汪伯彥進知院事。

李綱論遣使

宣義郎傅雱特遷宣教郎，充大金通問使。初，黄潛善等既奏遣周望往河北軍前通問，而河東獨未有人。李綱爲上言：「今日之事，内修政事，外攘夷狄〔四一〕，使國勢日强，則二聖不俟迎請而自歸。不然，雖冠蓋相望，卑辭厚禮，終恐無益。今所遣使，但當奉表兩宫，致思慕之意可也。」

乞置帥府要郡

己卯，李綱請以河北之地建爲藩鎮，朝廷量以兵力援之，而於沿河、沿淮、沿江置帥府、要郡、次要郡，以備控扼。沿河帥府十一：京東東路治青、徐，西路治鄆、宋，京西北路治許、洛，南路治襄、鄧，永興軍路治京兆，河北東路治魏、滄。沿淮帥府二：治揚、廬。沿江帥府六：治荆南、江寧府、潭、洪、杭、越州。

置帥府要郡

大率自川、陝、廣南外，總分爲十九路，每路文臣爲安撫使、馬步軍都總管，總一路兵政〔四二〕，許便宜從事，武臣副之。要郡以文臣知州，領兵馬鈐轄，次要郡以文臣知州，領兵馬都監，許參軍事，皆以武臣爲之副。如朝廷調發軍馬，則安撫使措置辦集，以授副總管。若帥臣自行，則漕臣一員隨軍，一員留攝帥事。憲臣文武各一員，彈壓本路盜賊。自帥府外，要郡三十九，次要郡三十八，總爲九十六萬七千五百人，非要郡不預。又別置水軍，帥府兩將，要郡一將。

臣留正等曰：昔太祖皇帝監唐末、五代方鎮强、王室弱之弊，故削鎮兵以尊京師，既太上皇帝親見靖康以來群盜充斥，郡邑無備，故屯兵諸郡，且責提點刑獄以警備盜賊。扶偏補弊，各適其宜。邇者，主上復詔樞密院及郡國銓選兵官，訓練禁衛〔四三〕，武備既飭，姦宄自消，誠得太上皇帝之深意矣。

綱又請出度牒、鹽鈔及募民出財，使帥府常有三年之積，要郡二年，次要郡一年。疏奏，悉從之。先遣御營司幹辦公事楊觀復往江、淮造舟，餘路委憲司措置。

竄留守范訥

京城留守范訥落節鉞，淄州居住。

以秦檜故用秦梓

秦梓充樞密院編修官。梓，檜兄也，政和中，用梁師成薦，徑赴御試，除學官，已而廢斥。至是，以檜故用之。

斡離不死燕山

金右副元帥宗傑卒于燕山。宗傑即斡离不也。

壬午，户部尚書張慤同知樞密院事。

宗澤尹東京

乙酉，知開封府宗澤爲延康殿學士、開封尹、東京留守。澤首抗疏請上還京。繼聞有金陵之議，復上疏曰：「賊臣張邦昌僭竊，與范瓊輩擅行威福，所以乞暫駐蹕南都，以察人心而觀天意。臣料今臣僚中唱爲異議，不欲陛下歸京者，不過如邦昌輩，陰與賊虜爲地〔四四〕。願陛下早降敕令，歸謁宗廟，垂拱九重，幸甚！」

宗澤諫巡幸請還京

初，京西北路提點刑獄許高、河北西路許亢總師防洛口，望風奔潰，坐流瓊州、吉陽軍。高、亢至南康，謀爲變，知軍事李定、通判韓璹以便宜斬之。李綱言：「高、亢大棄其師，朝廷不能正軍法。而一軍壘守倅敢誅之〔四五〕，必健吏也。使後日捍賊者〔四六〕，知退走而郡縣之吏有敢誅之者，其亦少知所戒乎！」乃各進一官。

許守倅誅高亢

乞獎健吏李定韓璹

丙戌，李綱留身上三議，一曰募兵，大略謂「熙、豐時，内外禁旅合五十九萬人。崇、觀以來，闕而不補者幾半。今所存無幾，何以捍敵？爲今之計，莫若取財於東南，募兵於西北。河北之人爲金賊所擾〔四七〕，未有所歸。而關陝、京東、西流而爲盜者不知其幾。請乘其不能還業，遣使招之，合十萬人於要害州軍，别營屯戍，使之更番入衛行在。」二曰買馬，大略謂「金人專以鐵騎取勝，而吾以步軍敵之，宜其潰散。今行在之馬不滿五千，可披帶者無幾。權時之宜，非括買不可。請先下令：非品官、將校不許乘馬，然後令

上募兵買馬獻納三議

李綱上獻納議

州縣籍有馬者，以三等價取之。嚴隱寄之法，重搔擾之禁，則數萬之馬尚可得也。」又請命川陝茶馬司益市馬，募商人結攬廣右之馬以給諸軍〔四八〕。三曰募民出財，償以官告、度牒。詔三省以次施行。其募兵陝西、河北各三萬人，委經制招撫司；京東、西各二萬人，委本路提刑司，潰卒、廂軍，各許改刺。

請造戰車

詔京東、西、河北東路、永興軍，江、淮、荆湖等路皆置帥府要郡。綱又言：「步不足以勝騎，而騎不足以勝車。請以車制頒於京東、西路，使製造而教習之。」因繪圖進呈。其法用靖康間統制官張行中所創，兩竿雙輪，上載弓弩，又設皮籬以捍矢石。下設鐵裙以衛人足。長兵禦人，短兵禦馬。傍施鐵索，行則布以爲陣，止則聯以爲營。每車用卒二十有五人，四人推竿以運車，一人登車以發矢，餘執軍器夾車之兩傍。每軍二千五百人，以五之一爲輜重及衛兵，餘當車八十乘，即布方陣，則四面各二十乘，而輜重處其中。

命兩路憲臣總領

諸將皆以爲可用，乃命兩路憲臣總領。

丁亥，張所借通直郎，充河北西路招撫使。

初，上皇既北遷，龍德宮器玩悉爲都監、帶御器械王球所竊。球，燕國

命碎寶器

奏事多所規益

長公主子也。及是，内侍陳烈以其餘寶器來上，皆遐方異物。李綱諫，上亟命碎之。時綱每留身奏事，多所規益。内侍石如岡素凶悍，淵聖斥之。上嘗召如岡，綱諫而止。又論待遇諸將恩數宜均一，上皆嘉納之。

宋齊愈駁李綱議

右諫議大夫宋齊愈入對，論招軍買馬、勸民出財助國非是。尚書虞部員外郎張浚夜過齊愈于省中，見其方執籌布筭，問之，齊愈笑曰：「李丞相今上三議。李公素有名譽，今建明乃爾。今西北之馬不可得，獨江、淮之南，而馬不可用。括民之財，豈可藝極？至於兵數，若郡增二千，則歲責十萬緡以養，今詎堪此？齊愈將極論之。」浚曰：「宰相不勝任，論去之，諫官職也。豈有身爲相未幾，上三事，而公盡力駁之？彼獨不恚且怨？」齊愈不樂。是日，執政奏事退，齊愈入對出，過省門，執浚手曰：「適上向者之章，上甚喜。」浚摇手曰：「公受禍自此始矣！」

增入名儒講義皇宋中興聖政卷之一

校勘記

〔一〕高宗受命中興全功至德聖神武文昭仁憲孝皇帝紀　「武文」原作「文武」，據宋史卷二四高宗本紀一、建炎以來朝野雜記卷一及皇宋十朝綱要卷二〇乙正。

〔二〕金虜入寇　「虜入寇」原作「兵入攻」，據宋刊本、明抄本及宋史全文卷一六改。

〔三〕虜騎抵城下　「虜」原作「敵」，據宋刊本、明抄本及宋史全文卷一六改。下同。

〔四〕虜人以張邦昌僭位　「虜」原作「金」，據宋刊本、明抄本及宋史全文卷一六改。

〔五〕虜退　「虜」原作「敵」，據宋刊本、明抄本及宋史全文卷一六改。

〔六〕探事人張宗得金虜僞詔及邦昌僞赦　「僞」原作「手」，據宋刊本及明抄本改。「虜」原作「國」，據宋刊本、明抄本及宋史全文卷一六改。

〔七〕實自皇天之眷命　「皇天」，建炎以來朝繫年要録（以下簡稱繫年要録）卷四及三朝北盟會編卷九三均作「高穹」；宋史全文卷一六作「皇穹」。

〔八〕越居舊服　「舊」，繫年要録卷四、三朝北盟會編卷九三及靖康要録卷一六均作「近」。

〔九〕已而爲王師部曲　「王師」，繫年要録卷四作「王淵」，當是。

〔一〇〕以夷事夷　「夷事夷」原作「臣事君」，據宋刊本、明抄本及宋史全文卷一六改。

〔一一〕戎心之不臧　「戎」原作「居」，據宋刊本、明抄本及宋史全文卷一六改。

〔一二〕虜於我乎請命　「虜」原作「敵」，據宋刊本、明抄本及宋史全文卷一六改。下同。

〔一三〕渡于河而河冰合　「于」原作「子」，據宋刊本、明抄本及繫年要録卷五改。

〔一四〕然必俟道君便可即真之劄　「劄」原作「説」，據宋史全文卷一六及繫年要録卷五改。

〔一五〕追貶確卞邢恕　「卞」原作「下」，據宋刊本、明抄本及宋史全文卷一六改。

〔一六〕「是以天下之心」至「而垂諸無窮也」二十五字原脱，據宋史全文卷一六補。

〔一七〕棁虚中望之鄴皆使虜請割地者　「虜」原作「北」，據宋刊本、明抄本及宋史全文卷一六改。

〔一八〕梟至虜中　「虜」原作「營」，據宋刊本、明抄本及宋史全文卷一六改。

〔一九〕金人陷河中府　「金人陷」原作「金兵攻」，據宋刊本、明抄本、宋史全文卷一六及繫年要録卷五改。

〔二〇〕吾觀元年虜之入寇三道也　「虜」原作「敵」，據宋刊本、明抄本及宋史全文卷一六改。

〔二一〕潁昌府之孫默　「昌」原作「川」，據宋史卷八五地理志一及繫年要録卷一二改。

〔二二〕淮寧府之向子韶　「韶」原作「褒」，據宋史卷四四七忠義傳及繫年要録卷一三改。

〔二三〕開德府之楊棣　「德」原作「寧」，據宋史卷二五高宗本紀二、繫年要録卷一八及靖康要録卷一〇改。「棣」原作「隸」，據宋史卷二五高宗本紀二、本書卷三及宋史全文卷一六卷改。

〔二四〕長安之唐重楊宗閔桑景詢曾謂郭忠孝皆死於義　「閔」原作「閱」；「曾」原作「曹」，均據宋史卷四四七忠義傳、繫年要録卷一二改。

〔二五〕初遣傅雱使虜　「虜」原作「敵」，據宋刊本、明抄本及宋史全文卷一六改。

〔二六〕使夷狄畏服　「夷狄」原作「遠近」，據宋刊本、明抄本及宋史全文卷一六改。

〔二七〕羽卒不敢害而還太公　「羽」原脱，據宋刊本、明抄本及宋史全文卷一六補。

〔二八〕使夷狄無所窺伺　「夷狄」原作「敵兵」，據宋刊本、明抄本及宋史全文卷一六改。

〔二九〕以扼虜衝　「虜」原作「敵」，據宋刊本、明抄本及宋史全文卷一六改。

〔三〇〕閹宦女謁皆得以干預朝政　「閹宦」原作「閹官」，據宋刊本、明抄本及宋史全文卷一六改。

〔三一〕理當誅夷　「夷」原作「滅」，據宋刊本、明抄本、宋史全文卷一六及繫年要録卷六改。

〔三二〕吕頤浩爲徽猷閣直學士知揚州　「揚」原作「楊」，據宋史全文卷一六及繫年要録卷六改。下文遇此，徑改不出校記。

〔三三〕金人入寇　「人入寇」原作「兵入攻」，據宋刊本、明抄本及宋史全文卷一六改。

〔三四〕及能力戰破賊者　「賊」原作「敵」，據宋刊本、明抄本及宋史全文卷一六改。

〔三五〕以陷狄人之計　「陷狄」原作「中敵」，據宋刊本、明抄本及宋史全文卷一六改。

〔三六〕奈何輕聽姦邪附賊者張皇之言　「賊」原作「敵」，據宋刊本、明抄本及宋史全文卷一六改。下同。

〔三七〕以修政攘夷爲己任　「攘夷」原作「克復」，據宋刊本、明抄本及宋史全文卷一六改。

〔三八〕且命起京東夏税絹於北京　「命起」原脱，據宋刊本、明抄本及宋史全文卷一六補。

〔三九〕自虜騎退歸　「虜」原作「敵」，據宋刊本、明抄本及宋史全文卷一六改。

〔四〇〕有虜使牛大監等八人　「虜」原作「金」，據宋刊本、明抄本及宋史全文卷一六改。

〔四一〕外攘夷狄　「攘夷狄」原作「禦邊防」，據宋刊本、明抄本及宋史全文卷一六改。

〔四二〕總一路兵政　「政」原作「攻」，據宋刊本、明抄本及宋史全文卷一六改。

〔四三〕訓練禁衛　「衛」原脱，據繫年要録卷六所引補。

〔四四〕陰與賊虜爲地　「賊虜」原作「大金」，據宋刊本、明抄本及宋史全文卷一六改。

〔四五〕而一軍壘守倅敢誅之　「壘」原作「至」，據宋刊本、明抄本及繫年要録卷六改。

〔四六〕使後日捍賊者　「賊」原作「敵」，據宋刊本、明抄本及宋史全文卷一六改。

〔四七〕河北之人爲金賊所擾　「賊」原作「兵」，據宋刊本、明抄本及宋史全文卷一六改。

〔四八〕募商人結攬廣右之馬以給諸軍　「右」，繫年要録卷六作「南」。

增入名儒講義皇宋中興聖政卷之二

高宗皇帝二

建炎元年秋七月己丑朔，樞密院都承旨王瓔爲河東經制使，直秘閣傅亮爲副使。

庚寅，命王淵、劉光世、韓世忠、張俊分討軍賊亂兵。自宣和末，群盜蠭起，至是招安赴行在，凡十餘萬人。李綱爲上言：「今日盜賊，正當因其力而用之。然不移其部曲則易叛，而徙之則致疑，正當以術致之，使由而不知。」乃命御營司委官分揀隸諸將，由是無叛去者。獨淮寧之杜用、山東之李昱、河北之丁順、王善、楊進皆擁兵數萬，不可招。而拱州之黎驛、單州之魚臺，亦有潰卒數千爲亂。綱以爲專事招安，則彼無所畏憚，勢難遽平，乃白遣淵等分討之。光世遣其將喬仲福追擊李昱，斬之。既而杜用爲淵所殺，餘悉殄平。丁順等皆赴河北招撫司自效，盜益衰。

分討軍賊亂兵

宋齊愈罷
宋齊愈下臺獄

辛卯，右諫議大夫宋齊愈罷。初，齊愈既論李綱之過，會朝廷治從逆者罪，言者論齊愈在皇城司首書張邦昌字以示議臣，由是罷諫議大夫，下臺獄。制曰：「所幸探符之未獲，奈何援筆以遽書？遺毒至今，造端自汝。」或曰齊愈論綱不已，故綱以危法中之。

皇叔士珸復洺州

皇叔貴州團練使士珸以義兵復洺州。士珸，岐簡獻王少子，天資警敏，方童稚，凜然如成人。至是纔弱冠也。

乙未，京城内都巡檢使范瓊爲御營使司同都統制。

省併中外官

己亥，詔省臺、省寺監官減學官、館職之半。以常平事歸提刑司，市舶事歸轉運司，罷諸州分曹置掾，縣户不滿萬，勿置丞。堂吏磨勘止朝請大夫，出職止爲通判。宰執子弟任待制以上者，並罷。執政官減奉錢三之一，京官奉祠者，亦如之。先是，李綱言：「艱難之際，賦入狹而用度增。當内自朝廷，外至監司州縣，皆省冗員，以節浮費。」上命中書省條具，至是行下。

詔經理中原

辛丑，詔曰：「朕權時之宜，法古巡狩，駐蹕近甸，號召軍馬，以防金人秋高氣寒再來入寇〔一〕。朕將親督六軍，以援京城及河北、河東諸路，與之決戰。已詔迎奉元祐太后，津遣六宫及衛士家屬，置之東南。朕與群臣、將士獨留中原，以爲爾京城及萬方百姓請命于皇天，庶幾天意昭答，中國之勢浸彊，歸宅故都，迎還二聖，以稱朕夙夜憂勤之意。」應在京屯兵聚糧、修治樓櫓器具，並令留守司、京城所、户部疾速措置施行。」時李綱入朝月餘，邊防、軍政已略就緒，獨車駕行幸，未有定所。

諫幸東南

綱間爲上言：「今縱未能入關，尤當適襄、鄧〔二〕，以示不忘中原之意。而近議紛紜，謂陛下將幸東南，果然，臣恐中原非復我有。」上曰：「但欲奉迎太后及六宫往東南耳，朕當與卿等留中原。」綱再拜賀，因乞降詔。上乃命綱草詔，頒之兩京焉。

治僞命臣僚罪

右正言鄧肅請竄邦昌僞命之臣，右司諫潘良貴亦言宜分三等定罪。肅言：「叛臣之上者，其惡有五：一曰諸侍從而爲執政者，王時雍、徐秉哲、吴幵、莫儔、李回是也；其二曰諸庶官及宫觀而起爲侍從者，胡思、朱宗、周懿文、盧襄、李擢、范宗尹是也；其三曰撰勸進文與撰赦書者，顔博文、王紹是也；其四曰事務官者，講册立之儀，搜求供奉之物，悉心竭力，無所不至；其五曰因邦昌更名者，何昌言、昌辰是也。已上數等，乞定爲叛臣之上，置之嶺外。所謂叛臣之次者，其惡有三：其一曰諸執政、侍從、臺諫稱臣於僞楚及拜於庭下者是也，所謂執政者，馮澥、曹輔是也。所謂侍從者，其餘已行遺矣。獨有李會尚爲中書舍人。所謂臺諫者，洪芻、黎確等及舉臺之臣是也。當時臺中有爲金人根括而被杖者四人，以病得免，其餘無不在僞楚之庭矣。其二曰以庶官而升擢者，此不可勝數，乞委留守司按籍考之，則無有遺者。其三曰願爲奉使者，黎確、李健、陳戩是也。已上數等，乞定爲叛臣之次，於遠小處編管。」

耿南仲父子奪職

耿南仲、延禧坐父子主和，並奪職，仍以延禧提舉江州太平觀。

宋齊愈腰斬

癸卯，腰斬通直郎宋齊愈於都市。齊愈赴獄引伏，法寺當齊愈謀叛，斬，該大赦，罰銅十斤，情重取旨。黄潛善等頗營救之，上曰：「使邦昌之事成，置朕何地？」乃詔：「齊愈探金人之情，親書姓名，謀立異姓，以危宗社，造端在先。其罪非受僞命臣僚之比，可特不原赦。」議者或以爲冤。

詔幸東南

乙巳，手詔：「京師未可往，當巡幸東南，爲避狄之計〔三〕。來春還闕。」時執政黄潛善、汪伯彦皆欲奉上幸東南，故有是詔。李綱極論其不可，且言：「自古中興之主，起於西北，則足以據中原而有東南；起于東南，則不足以復中原而有西北。蓋天下之精兵、健馬，皆出於西北。江之險不如河，而南人輕脆，遇敵則潰。南方城壁又非北方之比。陛下必以建康爲安，臣竊以爲過矣。」上乃收還巡幸東南手詔，令綱與執政議之。丙午，綱與潛善議於上前。綱曰：「今乘舟順流而適東南，固甚安便。但一去中原，勢難復還。夫中原安則東南安，失中原則東南豈能必其無事？一失機會，形勢削弱，將士之心離散。變故不測。」上乃許幸南陽。

李綱請幸南陽

同知樞密院張愨言：「户部財用，惟東南歲運最爲大計。自姦臣誤國，變祖宗轉般倉良法，每歲失陷糧斛，不可勝計。望依舊法，責發運司官分認逐季地分，各行檢察催促。」從之。

復轉般法

丁未，上命京城留守宗澤移所拘虜使於別館〔四〕，優加待遇。澤謂：「二聖在虜〔五〕，必欲便行誅戮，恐貽君父憂；若縱之使還，又有傷國體。莫若拘縻於此，俟車駕還闕，登樓肆赦，然後特從寬貸。」及是詔下，澤上奏曰：「臣不意陛下復聽姦臣之語，浸漸望和，爲退走計。營繕金陵，奉元祐太后，仍遣官奉迎太廟木主，棄河東、河西、河北、京東、京西、淮南、陝右七路生靈如糞壤草芥，略不顧惜。又令遷虜使別館，優加待遇。不知二三大臣於賊虜情款何如是之厚〔六〕，而於國家訏謨何如是之薄也！臣之樸愚，必不敢奉詔，以彰國弱，此我大宋興衰治亂之機，願陛下察之。」詔答曰：「卿彈壓强

宗澤諫巡幸請回鑾

詔還虜使澤不奉詔

賜宗澤衣帶

梗，保護都城，深所倚仗。但拘留金使〔七〕，未達朕心。」澤猶不奉詔，又請上回鑾。詔賜澤襲衣、金帶。

黄潛善引用張浚

尚書虞部員外郎張浚爲殿中侍御史。上見浚雍容静重，即欲用之，黄潛善又稱其賢，遂有是命。

衛膚敏等請幸金陵

癸丑，衛尉少卿衛膚敏言：「今汴都蹂踐之餘，不可復處。睢陽駐蹕，咸以爲宜。但城不高，池不深，封域不廣，不足以容千乘萬騎，而又逼近河朔，虜易以至〔八〕。建康實古帝都，外連江、淮，内控湖海，負山帶海，爲東南要會之地。伏望趣下嚴詔，夙期東幸。別命忠勇大臣，總領六師，留屯京邑。」時上雖用李綱議，營南陽，而朝臣多以爲不可，中書舍人劉珏亦言：「南陽城惡，不可恃。騎兵，虜之長技，而不習水戰。金陵天險，前據大江，可以固守。東南久安，財力富盛，足以待敵。」於是汪伯彦、黄潛善皆主幸東南，故士大夫率附其議。

張所等行兩河響應

沮李綱之謀

丙辰，河北招撫使張所、江東經制使王瓔、副使傅亮辭行。先是，李綱建議遣所、亮措置兩河，所、亮既行，兩河響應。門下侍郎黄潛善疾綱之謀，建議遣河北經制使馬忠節制軍馬，俾率兵渡河，於是權始分矣。

督諸監輸錢

工部員外郎李士觀言：「江、池、饒、建州四監，歲鑄錢百三十二萬餘緡，淮南等九路十七州，歲造上供軍器，亦百餘萬件，多未輸者，望令發運司委官催督。」從之。

竄洪芻等八人

八月戊午朔，洪芻、陳沖、余大均、周懿文、張卿才、李彝、王及之、胡思八人流竄有差。初，芻等坐圍城中事屬吏，上命殿中侍御史馬伸劾之，及是獄成。

幼老春秋曰：周懿文、余大均等不死，惟從貶竄，君子以知李綱諸人不能輔佐恢復河東、北之境土也，曰失其刑矣。

杭州軍亂

杭州軍亂，縱火，殺士曹參軍及副將白均等十二人。

太后發京師

己未，元祐太后發京師。都人始望車駕還內，及太后行，莫不垂泣。上初未識太后，比至宮中，愛上如己出，衣服飲食必親調製焉。

録平賊功

庚申，侍衛親軍馬軍都虞候、御營使司都巡檢使劉光世爲奉國軍節度使，御營使司左軍統制韓世忠爲定國軍承宣使，御營使司前軍統制張俊落階官，並賞平賊之勞也〔九〕。

曲意奉康履

時内侍康履始用事，光世曲意承之。

李綱黃潛善並相

壬戌，尚書右僕射李綱守尚書左僕射兼門下侍郎，兼權中書侍郎黃潛善守尚書右僕射兼中書侍郎。先是，綱爲上謀以秋末幸南陽，上許之矣。潛善與知樞密院事汪伯彥力請幸東南，上意中變，於是綱所建白，上多不從。綱曰：「天下大計，在此一舉，國之存亡，於是焉分，吾當以去就争之。」綱知譖愬之言，其入已深，一日留身奏事，言：「臣近者屢蒙宸翰改正已行事件，又所進機務多未降出，此必有間臣者。」因極論君子、小人不可並立之理。且言：「疑則當勿用，用則當勿疑。」上但慰勉之，綱拜謝而退。後數日，遂有並相之命。

同知樞密院事張慤兼御營副使。

執政皆有親兵

癸亥，命御營使副大閱五軍人馬，自是執政皆有親兵。

發諸路坊場錢

丙寅，京畿轉運判官上官悟請悉發諸路坊場錢，爲行在贍軍之費。詔諸路提刑司具見在常平錢物數以聞，其後悉令計置輕賫金帛赴行在。

置忠義巡社

丁卯，三省、樞密院奏，以諸路民兵爲忠義巡社，令憲臣提領。論者以爲其法精審而詳整，可以久行，前此論民兵者，皆莫及也。

庚午，名元祐太后所居曰隆祐宮，於是后更稱隆祐太后。隆祐本欽聖

尊隆祐太后

憲肅皇后宮名，不當用，蓋權直學士院王綯、朱勝非失之。

召譙定

伊洛門人本末

壬申，召布衣譙定赴行在。定，涪陵人，學於程頤。靖康中，召爲崇政殿説書，定以言不用，辭不受。至是猶在東都。尚書右丞許翰薦于朝，詔宗澤津遣赴行在。自熙、豐間，程顥、程頤以道學爲天下倡，其高弟門人有故監察御史建陽游酢、監西京竹木務上蔡謝良佐、今徽猷閣待制、提舉西京嵩山崇福宮將樂楊時。其後黨禍作，屏居伊闕山，學者往從之，而定與尹焞爲首。至大觀以後，時名望益重，陳瓘、鄒浩皆以師禮事時，而胡安國諸人實傳其學。宣和末，或説蔡攸以時事必敗，乃召時至經筵，淵聖皇帝擢爲諫官，以論事不合去。呂好問在政府，首言時之賢于上，復召還朝，未至，而又召定。是時，給事中許景衡、左司員外郎吴給、殿中侍御史馬伸皆號得頤之學。已而傳之浸廣，好名之士多從之，亦有托以自售於時，而識真者寡矣。

召張自牧

詔真州守臣以禮敦遣長蘆隱士張自牧赴行在，既至，授從事郎，充御營使司準備差使。

癸酉，耿南仲責授單州團練副使、南雄州安置。

李綱罷相與祠

乙亥，尚書左僕射兼門下侍郎兼御營使李綱罷。先是，河北招撫使張所纔至京師，河北轉運副使張益謙附黄潛善意，奏所置司北京不當。又言：「自置招撫司，河北盜賊愈熾，不若罷之，專以其事付帥司。」同知樞密院事張慤素善益謙，每與之相表裏。綱言：「所今留京師，以招集將佐，故尚未行。不知益謙何以知其搔擾？朝廷以河北民無所歸，聚而爲盜，故置司招撫，因其力而用之，豈由置司乃有盜賊？今京東、西群盜公行，亦豈招撫司過耶？益謙小臣，非理沮抑，此必有使之者。」上乃令益謙分析。

張所招來豪傑

所方招來豪傑，以忠翊郎王彦爲都統制，效用人岳飛爲準備將。彦，河内人，後徙居覃、懷。讀韜略，習騎射。其父奇之，使詣京師，隸弓馬子弟所。稍遷清河尉，能與虜角〔一〇〕，所奇其才，故擢爲都統制。飛，安陽人，嘗爲人傭耕，去爲市遊徼，使酒不檢。上之在相州也，飛以效用從軍至北京，坐論事罷廢，至是投所軍中。

岳飛投張所軍中

時河東經制副使傅亮軍行才十餘日，伯彦等以爲逗遛，使即日渡河。亮言：「今河外皆屬虜人〔一一〕，而遽使亮以烏合之衆渡河，不知何地可爲家計，何處可以得糧？」綱爲之請，且言：「潛善、伯彦力沮二人，乃所以沮臣，使不安職。臣每念靖康大臣不和之失，凡事未嘗不與潛善、伯彦熟議而後

力沮張所傅亮

行。不謂二人設心乃如此。如亮事理明白，願陛下虛心觀之。」既而潛善有密啓。明日，上批：「亮兵少，不可渡河，可罷經制司，赴行在。」綱留御批，再上，上曰：「如亮人材，今豈難得？」綱曰：「亮謀略智勇，可爲大將。今未嘗用而遽罷之，古人之用將，恐不如此。」因求去。上不語。綱以御批納上前，曰：「聖意必欲罷亮，乞以御批付潛善施行，臣得乞身歸田里。」綱退，聞亮竟罷，乃再章求去。

張浚爲齊愈攻李綱

於是殿中侍御史張浚亦論綱，以爲綱雖負才氣，有時望，然以私意殺侍從，典刑不當，有傷新政，不可居相位。又論綱杜絶言路，獨擅朝政，士夫側立，不敢仰視。事之大小，隨意必行。買馬之擾、招軍之暴、勸納之虐、優立賞格、公吏爲姦、擅易詔令、竊庇姻親等十數事。浚素與宋齊愈厚，且潛善客也。

上召綱入對，諭曰：「卿所争，細事耳，胡爲乃爾〔二二〕？」綱曰：「人主之職，在論一相；宰相之職，在薦進人才。方今人才以將帥爲急，恐不可以爲細事。若以爲細，臣以去就争之，而聖意不回，臣亦安敢不去〔二三〕？」因再拜曰：「潛善、伯彦自謂有攀附之功，方虛位以召臣，蓋已切齒。及臣至，而議論僞楚、建請料理河東、北兩路，謂車駕宜留中原，皆不與之同，宜其媢嫉，無所不至。臣東南人，豈不願陛下順流東下，爲安便哉？顧一去中原，後患有不可勝言者，故不敢雷同衆説，以誤大事。望陛下勿以臣去而其議遂改也。」因泣辭而退，遂上第三表劄。客或謂綱曰：「公決於進退，於義得矣，顧讒者不止，將有患禍不測，奈何？」綱曰：「大臣以道事君，不可則止。吾知全吾進退之節而已。畏禍患而不去，彼獨不能諷言者詆訾而逐之哉？天下自有公議，此不足慮。」

鄧肅等申理李綱

翌日，遂罷綱，提舉杭州洞霄宫。綱在相位凡七十五日。右正言鄧肅言：「人主之職，在論一相。陛下初登九五之位，召李綱於貶所，而任以台衡，待之非不專也。然綱學雖正而術疏，謀雖深而機淺。陛下嘗顧臣曰：『李綱真以身徇國者！』且兩河百姓雖願效死，而數月間茫然無所適從，及綱措置，不一月而兵民稍集。又僞楚之臣，紛紛皆官于朝，綱先逐邦昌，而叛黨稍正其罪。今綱去，則二事將何如哉？兩河無兵，則夷狄驕[一四]；叛臣在朝，則政事乖。綱於此不可謂無一日之長也。」肅尋與郡，而言者極論其罪。上曰：「肅亦何罪？」然猶送吏部。尚書右丞許翰亦言：「綱忠義英發，舍之無以佐中興。今綱罷而留臣無益。」因力求去。上未許。然潛善等皆怒，有逐之之意矣。

初，綱嘗請減上供之數，以寬州縣；修鹽茶之法，以通商賈；劾東南官田，募民給佃；倣陝西弓箭刀弩手法，養兵于農；籍陝西保甲、京東、西弓箭社，免支移、折變，而官爲教閱。上命中書省條具，會綱去位，皆不果行。黄潛善、汪伯彦共議，悉奏罷綱所施行者。是日〔一五〕，罷諸路買馬，惟陝西諸州各買百匹，其勸民出財助國指揮勿行。已而傅亮以母病歸同州，張所亦以罪貶，招撫、經制司皆廢矣。

罷李綱施行事件

龜鑑曰：綱之言雖忠，綱之謗愈多。顔岐，邦昌黨人也，於公未至而沮之。宗尹，嘗仕邦昌者也，於公已至而沮之。宋齊愈，又嘗豫立邦昌議也，及與公議國事，又從而沮之。君子之難進易退也如此！加之藩邸舊人，公肆排毁，並相之命下，而綱之權已分；經制之司罷，而綱之去已決；中山之功未成，而謗書盈篋。綱之秉政凡七十五日，而所與共治者，他有人矣。當時挽而留之者，不投之散地，則置之極典。公之去就甚輕，而關於天下之安危者甚重。綱在位，則措置兩河，民兵相集；

綱去，則兩河無兵，而夷狄橫矣〔一六〕。綱在位，則叛臣僞黨稍正典刑；綱去，而叛臣在朝，而政事乖矣。綱在位，則必主幸襄、鄧之策〔一七〕，必從宗澤還京之請〔一八〕；綱去，則淮陽有警〔一九〕，而翠華南渡矣！

黃榜招安叛兵

庚辰，詔賜杭州黃榜，招諭作過軍民。建炎後，以黃榜招安叛兵自此始。

殺陳東歐陽澈

東澈爲李綱死

壬午，斬太學生陳東、撫州進士歐陽澈于都市〔二〇〕。先是，上聞東名，召赴行在。東至，上疏言：「宰執黃潛善、汪伯彥不可用，李綱不可去。」且請上還汴，治兵親征，迎請二帝。其言切直，章凡三上。潛善等憾，欲以伏闕事中東，然未有間也。會澈亦上書，極詆用事者，其間言宮禁燕樂事。上諭輔臣以澈所言不審，潛善乘是密啓誅澈，並以及東，皆坐誅。東始未識綱，特以國故，至爲之死，行路之人有爲之哭者。上甚悔之。

許景衡辨宗澤謗

乙酉，御史中丞許景衡言：「臣聞議者多指開封尹宗澤過失，未知所指何事？若只拘留金國使人，此誠澤之失也。然原其本心，但激于忠義，未審國家事體耳。臣自浙渡淮，以至行在，聞澤之爲尹，威名政術，卓然過人，誅鋤强梗，撫循善良，都城帖然，莫敢犯者。又方修守禦之備，歷歷可觀。今若較其小疵，便以爲罪，不顧其盡忠報國之節，其不恕亦已甚。且開封宗廟社稷之所在，苟欲罷澤，别選留守，不識今之縉紳，其威名、政績，亦有加於澤者乎？伏望聖慈上爲宗社，下爲億萬生靈，特賜主盟〔二二〕，厚加任使。」疏入，上大悟，詔朝廷别無行遣，亦無臣僚章疏。仍封景衡奏示澤，由是澤賴以安。

建州軍亂

九月己丑，建州軍亂。

決策幸東南

壬辰，河北經制使馬忠貶秩二等，坐逗遛不進也。於是黄潛善、汪伯彦共政，方決策奉上幸東南，無復經制兩河之意矣。

鑄建炎通寶錢

詔江、池、饒、建州所鑄錢，以「建炎通寶」爲文。

宗澤至河北視師

甲午，東京留守宗澤引兵至河北視師，且乞罷講和，仍修武備。

詔諸路備巡幸

丁酉，詔：「荆襄、關陜、江淮皆備巡幸，並令因陋就簡，毋得搔擾。凡所過與所止之處，當使百姓莫不預知，朕飲食取足以養氣體，不事豐美；亭傳取足以庇風雨，不易卑陋。什器輕便〔二三〕，不求備用；供帳簡寡，不求備儀。可賫以行，皆無取於州縣。橋樑舟楫，取足濟渡。道路毋治，官吏毋出。一切無所追呼。有司百吏敢搔擾者，重置於法。惟是軍馬芻糧，必務豐潔。將士寨栅，必令寬爽，官吏毋得少懈。播告諸道，咸使聞知。」

庚子，宗澤自河北引兵還京師。

壬寅，河北西路招撫司參謀官王圭陞招撫判官，代張所也。於是所落直龍圖閣、嶺南安置，死貶所。

竄張所死于貶所

起居舍人衛膚敏言：「今二聖北狩，鑾輿未復，寰宇痛心，況陛下抱父兄之念，爲如何哉？惟陛下至誠克己，處心積慮，不忘報雪之志。處堂陛，則思二聖乖溫凊之宜；御飲食，則思二聖失膳羞之節。念土地有所未復，念人民有所未安，日慎一日。深自貶損，卑宮室、菲飲食、惡衣服、減嬪御之數，斥聲樂之奉，以至歲時上壽、春秋賜燕，一切罷之。雖享郊廟，亦不用樂。必俟奉迎二聖，歸復宮庭，然後修禮之常，庶幾孝悌之誠，上有以格天，下有以感人。人心得而天意孚，則我之所向，無有不遂矣。」

衛膚敏言雪恥

乙巳，東京留守宗澤復上表請車駕還京師。時澤募戰士守京城，且造決勝戰車千二百乘，每乘用五十有五人，運車者十有一，執器械、輔車者四十有四，回旋曲折，可以應用。又據形勝，立二十四壁於城外，駐兵數萬。澤往來按試之，周而復始。沿大河鱗次爲壘，結連兩河山水寨及陝西義士，開五丈河以通西北商旅，京畿瀕河七十二里，命十六縣分守之，縣各四里有

宗澤再疏乞還京

宗澤造決勝戰車

宗澤經理戰守

奇，皆開濠，深廣丈餘，於其南植鹿角，又團結班直諸軍及民兵之可用者。乃上表，略曰：「今逆胡尚熾〔二三〕，群盜繼興。比聞遠近之警傳，已有東南之巡幸，此誠王室安危之所係，天下治亂之所關。慮增四海之疑心，謂置兩河於度外，因成解體，未諭聖懷。儻胡人乘之而縱横〔二四〕，則中國將何以制禦？」不報。澤又上疏曰：「陛下回鑾汴京，是人心之所欲；妄議巡幸，是人心之所惡。」又不報。澤遂抗疏極言：「京師，祖宗二百年基業，陛下奈何欲棄之，以遺海陬一狂虜〔二五〕？今陛下一歸，王室再造，中興之業復成。如以臣爲狂率，願延左右之將士試一詢之，不獨謀之一二大臣，天下幸甚！」澤每疏奏，上以付中書省，黄潛善、汪伯彥皆笑以爲狂，張慤獨曰：「如澤之忠義，若得數人，天下定矣！」二人語塞。

笑宗澤之狂

劉珏繳黄潛厚

丁未，中書舍人劉珏言：「黄潛厚爲户部尚書，潛厚乃潛善之親兄，祖宗以來，未有弟爲宰相，兄爲八座，而同居一省者。惟蔡京、蔡卞、蔡攸則不然。竊聞潛厚、潛善皆有章疏力辭，潛善身爲宰輔，必不肯私其兄，以壞祖宗之法。潛厚身爲法從，必不敢冒榮進，而負天下之公論。從而允之，亦所以全其謙抑守法之美，而不置之於有過之地。」疏入，上遣張慤諭旨，珏言不已，於是潛厚卒改命。

王彦復新興縣

戊申，河北招撫司都統制王彦率裨將張翼、白安民、岳飛等，以所部渡河，與金人戰，破之，遂復新興縣。

詔暫駐蹕淮甸

己酉，詔：「諜報金賊欲犯江、浙〔二六〕，可暫駐蹕淮甸，捍禦稍定，即還京闕，不爲久計。應合行事件，令三省、樞密院措置施行。」

募民入貲授官

募民入貲授官，自迪功郎以下凡六等。尋命每路以監司一員董其事。

通當三錢諸路

庚戌，始通「當三」大錢於淮、浙、荆湖諸路，用張慤請也。

張慤知錢穀利害

慤嚴明通敏，論錢穀利害，猶指諸掌，文移所至，破奸若神，國用賴以無乏。然中書自作酒肆，議者或以爲苛碎焉。

誅張邦昌

壬子，詔責授昭化軍節度副使張邦昌賜死。始，李綱議誅邦昌，黄潛善、汪伯彦皆持不可。及是，聞虜以廢邦昌爲詞〔二七〕，復入寇。上將南幸，而邦昌在長沙，乃共議賜邦昌死。

詔諸路備巡幸

乙卯，詔：「成都、京兆、襄陽、荆南、江寧府、鄧、潭州皆備巡幸，帥臣修城壘、治宫室，漕臣積錢糧。」京城留守宗澤言：「本朝提封萬里，京城號爲腹心。今兩河雖未敉寧，猶一手臂之不伸也。乃欲去而之他，是并心腹而棄之。願陛下且駐蹕南都，未可輕議。」是時宗廟、宮室、臺省，澤皆營繕略備，又以東門乃回鑾奉迎之地，特增修之。

王彥新鄉之敗

與王彥有隙

河北招撫司都統制王彥及金人戰於新鄉縣，敗績，彥奔太行山聚衆。準備將岳飛引其部曲去，自爲一軍。未幾，彥軍復振，岳飛單騎扣壁門請罪，左右勸彥斬之，彥壯其勇而惜其才，賜飛卮酒而罷，自是兩人始有隙。

自南京幸維揚

冬十月丁巳朔，上登舟幸淮甸。翌日，發南京。

戊午，隆祐太后至揚州。

宗澤請還京

庚申，東京留守宗澤復上疏論其治兵大略，且言：「今年河流不冰，請上還京，消滅虜寇[二八]。」又言：「陛下奈何偏聽姦邪之語，以巡幸爲名，於偏遠州軍爲朝宗之地？」言極切至。始，澤所建明，上多報可，惟經三省、樞密院，則每爲黄潛善等沮之。至是，澤條上五事：「臣竊見黄潛善，福建人；汪伯彥，徽州人；内張愨雖是北人，然無公議，無遠見，議論偏頗，皆欲贊陛下南幸。」既而澤見詔書有「俟四方稍定即還京闕」之語，壬戌，澤上表以謝。澤理財有方，凡兩河及京西諸郡求軍須者，皆輟東京所有與之，不以爲間。上遣中使撫問。既而澤聞上已南幸，又上疏請還京，且言：「欲遣閻勍、王彥各統大軍，盡平賊壘〔二九〕，望陛下早還京闕。臣之此舉，可保萬全。或姦謀蔽欺，未即還闕，願陛下從臣措畫，勿使姦臣沮抑，以誤社稷大計。陳師鞠旅，盡掃胡塵〔三〇〕，然後奉迎鑾輿，復還京闕，以塞姦臣之口，以快天下之心。」上優詔答之。

募群盜自併滅

癸亥，募群盜能併滅賊衆者，授以官。

張浚論李綱奪職

甲子，觀文殿大學士、提舉杭州洞霄宫李綱落職，依舊宫祠。時殿中侍御史張浚論綱罪未已，章再上，乃有是命。

張浚累攻李綱

丁卯，御營使司都統制王淵爲捉殺杭州盜賊制置使。

以珠寶投汴水

有内侍自京賫内府珠玉二囊來上，上投之汴水。翌日，以諭輔臣，黄潛善曰：「可惜！有之不必棄，無之不必求。」上曰：「太古之世，擿玉毁珠，小盜不起，朕甚慕之，庶幾求所以息盜耳。」

孝宗生赤光滿室

初，太祖少子秦康惠王生英國公惟憲；惟憲生新興侯從郁；從郁生華陰侯世將；世將生東頭供奉官令繒〔三一〕；令繒生子偁，中進士第，至是爲嘉興丞。一夕，其妻張氏夢神人自稱崔府君，擁一羊，謂之曰：「以此爲識。」已而有娠。戊寅，生子伯琮，是夕，赤光滿室，如日正中。或聞庭下馬嘶、劍甲之聲。

盧臣中叱賊墜水
御營卒作亂
以軍變降韓世忠官

己卯，上次寶應縣。御營後軍作亂，孫琦者爲之首。左正言盧臣中從駕不及，立船舷叱賊，爲所逼，墜水死。上命求臣中所在，得之水中，拱立如故。殿中侍御史張浚以爲雖在艱難中，豈可廢法？乃劾統制官韓世忠師行無紀，士卒爲變。詔世忠罰金。中書舍人劉珏言無以懲後，浚再上章論，且乞擒捕爲變者，乃降世忠觀察使。上下聳然，始知有國法。

復市舶舊法

李則言：「舊制，閩、廣市舶司抽解舶貨，以貴細者計綱上京，餘本州打套出賣。大觀後，始盡令計綱，費多而弊衆，望復舊法。」從之。

劉光世討鎮江叛兵

庚辰，命御營使司提舉一行事務劉光世討鎮江府叛兵，御營統制官苗傅從光世行。

癸未，上至揚州，駐蹕州治。舊制，三衙管軍未嘗内宿，至是始日輪一員直宿行宮。

不許見統兵官
内侍康履用事

詔：「内侍不許與統兵官相見，如違，停官送遠惡州編管。」時入内内侍省押班康履以藩邸舊恩用事，頗忽諸將，諸將多奉之，而臺諫無敵言者。

王淵等平軍賊

兩浙制置使王淵率統制官張俊等至鎮江府，軍賊趙萬等不知其猝至，皆解甲就招。淵等紿賊以過江勤王，其步兵先行，每一舟至岸，盡殺之，餘騎兵戮於市，無得脱者。

張浚論綱竄鄂州

十一月戊子〔三二〕，提舉杭州洞霄宫李綱鄂州居住。時殿中侍御史張浚等論：「綱素有狂愎無上之心，復懷怏怏不平之氣，而常州風俗淺薄，知有李綱而已。萬一盜賊群起，藉綱爲名，臣恐國家之憂不在金人〔三三〕，而在蕭牆之内。」故有是命。中書舍人汪藻草制曰：「朋姦罔上，有虞必去於驩兜；欺世盜名，孔子首誅於正卯。」

王倫使虜

辛卯，朝奉郎王倫爲大金通問使。時河東軍前通問使傅雱、副使馬識遠至汴京，詔趣還。復遣倫與王弁見宗維議事。宗維即黏罕也。

乙未，同知樞密院事張慤守尚書左丞兼提舉户部財用，工部尚書顏岐同知樞密院事。

詔執奏傳宣

乙巳，詔：「自今被受中使傳宣者，晝時密具所得旨，實封以聞。如事有未便者，許執奏。」又詔：「凡宣旨及官司奏請事，元無條貫者，並中書、樞密院取旨。非經三省、樞密院者，官司毋得受。」復舊典也。

丙午，尚書左丞張慤守中書侍郎，兼職如故。

戊申，同知樞密院事顔岐守尚書左丞兼權門下侍郎，御史中丞許景衡守尚書右丞，刑部尚書郭三益同知樞密院事。

汪藻乞修軍政

辛亥，中書舍人汪藻言：「軍政不修，則無以立國，望特詔侍從官以上，各以所見，考古軍制可行於今者，條具以聞。」從之。

金人陷河間府〔三四〕。

初復經筵

十有二月丙辰朔，詔：「朕朝夕延見大臣，咨訪庶務。群臣進對，隨事盡言。退閲四方奏牘，少空，則披覽載籍，鑑觀前古，獨於講學，久未遑暇念。雖羽檄交馳，巡幸未定，亦不可廢。其以侍從四員充講讀官，萬機之暇，就内殿講讀。」先是，御史中丞王賓乞開講筵，上納其言，故有是旨〔三五〕。

類路省試

詔諸路轉運司類省試以待親策。先是，諸州發解進士，當以今春試禮部，會國難不果。上以道梗難赴，乃命諸路提刑司選官，即轉運司所在州類省試。

禁獻鷹犬

丁巳，詔：「朕罔好遊畋，有以鷹犬輒稱御前者，流海島。」

審察舉人

辛酉，初命侍從、監司、郡守各舉所知一人。至是，悉命赴都堂審察，除應待報人外，皆罷之。

御營使司都統制王淵入杭州。淵與統制官張俊馳至城下，傳呼秀州趙

王淵斬陳通等　取杭妓張穠　金人分道入寇　衛膚敏論三事　衛膚敏論邢煥孟忠厚除授　衛膚敏論内降

龍圖來。賊陳通出不意〔三六〕，遂出迎淵。後二日，淵、俊入州治，命軍士分守諸門。通等立於譙門之外，淵召其首三十人至庭下，遽執之，遂執其餘黨於門外，悉要斬之，凡百八十餘人。俊取杭州甲妓張穠以歸。

癸亥，金人犯汜水關〔三七〕。初，左副元帥宗維聞上幸維揚，乃約諸酋分道入寇〔三八〕，中原大震。

甲子，徽猷閣待制邢煥爲光州觀察使，用右諫議大夫衛膚敏論也。膚敏上疏論三事，一曰守法度，二曰慎爵賞，三曰正紀綱。「何謂守法度？祖宗之法度，后族、戚里不得任文資。迺者邢煥除徽猷閣待制，孟忠厚除顯謨閣直學士，士大夫莫不驚駭。願改正煥及忠厚官職，悉從舊法。」疏入，上以隆祐太后故，未忍奪忠厚職名，乃詔邢煥可特換光州觀察使。

乙丑，諫官衛膚敏言：「比來王義叟除命，旨自中出，用御寶以行下。既不由宰臣之進擬，又不由銓部之差注，議者咸謂因戚里佞幸干請而與之。願特詔有司，自今除授并行遣有罪之人，並須經由三省及宰執進呈，方得施行。或有干求請托，乞御寶以行下者，並重置於法，令御史臺覺察以聞。庶幾政事之本，一出朝廷，而天下治。」從之。

戊辰，衛膚敏上疏論營繕、工作、内降、錫賚四事。給事中劉珏亦奏疏論内降、營繕二事。上皆嘉納之。

唐重以書别父

京兆府路經略制置使唐重度虜且入〔三九〕，以書别其父克臣曰：「忠孝不兩立，義不苟生，以辱吾父！」克臣報之曰：「汝能以身徇國，吾含笑入地矣！」重聞虜已濟河，復移書成都漕臣趙開，屬以身後，見者皆義之。

衛膚敏攻李志道

庚午，除名勒停人李志道復添差入内内侍省都知。志道，憲養子。靖康末，坐典砲失職，有旨遠竄。至是，復用之。衛膚敏言：「志道在上皇朝弄權怙寵〔四〇〕，勢可炙手，撓法害政，以亂天下，其惡不在童貫、譚稹、梁師成之下〔四一〕，奈何用赦復之？」上亟寢其命。

復用李志道不果

甲戌，婁宿犯同州，守臣鄭驤死之。

詔侍讀官奏事

丙子，詔：「侍讀官於所讀書内，或有所見，許讀畢具劄子奏陳。」用翰林學士朱勝非請也。

容機落致仕復罷

宣政使容機落致仕，與外任宫觀。既草詞，衛膚敏言：「自古宦官用事，未有不爲國家患者。帝王作興，當蒐求賢佐以自輔，未聞有求閹宦於閑退之中，而進用之者。」命遂格。

置簿録臺諫疏

戊寅，言者請以臺諫論奏係國之治亂、民之休戚，有裨今日政事、可以爲鑑戒者，陳諸黼扆之側。詔：「自來年正月爲首，置簿，令大臣擇其已施行者，編寫進入。」

衛膚敏劉珏論孟忠厚

庚辰，給事中劉珏試尚書吏部侍郎，右諫議大夫衛膚敏試中書舍人。初，膚敏受命纔再旬，言事至十數，黄潛善等忌之。會膚敏論孟忠厚未已，珏言：「憲度者，祖宗所以維持天下，列聖奉之而不敢違者。陛下欲承隆祐太后之意，而拂於祖宗之法，臣恐非所以爲孝也。忠厚與煥均以外戚而被超擢〔四二〕，均以文資而得法從。今一則易以廉察〔四三〕，一則尚仍舊授，臣恐非所以爲公也。」疏入，詔：「忠厚係隆祐太后之親，宜體朕優奉太后之意，書讀行下。」於是潛善等批上意諭珏，珏堅持不可。膚敏奏：「若臣言是，則當罷忠厚法從之職；臣言非，則當正臣妄言之罪。」詔：「朝廷以次遷除，非由論事。」膚敏力辭，遂與珏俱謁告不出。

楊時入見乞講學

提舉西京嵩山崇福宮楊時試尚書工部侍郎。時年七十五矣。時入見，首言：「自古聖賢之君，未有不以講學爲先務者。」上深然之。

劉觀乞籍奸黨

中書舍人劉觀試給事中。觀嘗言：「今日之患在中國，不在夷狄〔四四〕；在朝廷，不在邊鄙；在士大夫，不在盜賊。臣願陛下委諫官、御史，取崇寧以來饕餮富貴尤亡狀之人，編爲一籍，已死者，著其惡；未死者，明其罪，且曰：此以開邊用兵進者也；此以花石應奉進者也；此以三山河賞進者也；此以刻剥聚斂進者也；此以交結宦官、貨賂權倖進者也。如此之類，列爲數十條，概其罪惡，疏其名氏，有司鏤板，播告天下，與衆棄之。如此，夷狄聞之莫不畏〔四五〕，盜賊聞之莫不服。」疏奏，上嘉納。遂命臺諫具名以聞。三省、樞密院參酌，省、臺各録副本，不許堂除及任守令。後不果行。

毀螺鈿椅桌

初，温、杭二州上供物寄留鎮江，其間椅、卓有以螺鈿爲之者，守臣錢伯言奏發赴行在，上惡其靡，亟令碎之通衢。

詔百官言事

乙酉，詔：「自今服采在職，其各悉心極言，凡言動舉措之過差，暨軍旅財用之闕失〔四六〕、人情之逆順、政事之否臧、號令不便於民、法制無益於國，若時施設，咸得指陳，切至而有根原，忠鯁而無顧忌，亟當獎擢，昭示勸旌。」

臣留正等曰：忠言之於國，猶脈理之於身也。脈理通而後身安，忠言用而後國治。否則，手足不相爲用，君臣不能無異意矣。漢高祖、唐太宗俱以能聽言而開創大業。武帝奢縱，能容一汲黯；武后淫虐，能容一狄仁傑，而不至於亂亡，言之有益於人之國也如此。太上皇帝導臣使言，委曲開諭，無所不至，三紀之間，博謀兼聽，見於施設者，不可勝紀。間有逆耳咈意之論，自敵已以下受之所不能堪者，亦欣然聽用而不拒，非甚盛德，其何能爾？中興之功，有光前代，端自是而致之。

增入名儒講義皇宋中興兩朝聖政卷之二

校勘記

〔一〕以防金人秋高氣寒再來入寇　「金」原作「北」，據宋刊本、明抄本及宋史全文卷一六改。

〔二〕尤當適襄鄧　「尤」，繫年要録卷七作「猶」，當是。

〔三〕爲避狄之計　「狄」原作「敵」，據宋刊本、明抄本及宋史全文卷一六改。

〔四〕上命京城留守宗澤移所拘虜使於別館　「虜」原作「金」，據宋刊本、明抄本及宋史全文卷一六改。

〔五〕二聖在虜　「虜」原作「敵」，據宋刊本、明抄本及宋史全文卷一六改。下同。

〔六〕不知二三大臣於賊虜情款何如是之厚　「賊虜」原作「敵國」，據宋刊本、明抄本及宋史全文卷一六改。

〔七〕但拘留金使　「金」原作「北」，據宋刊本、明抄本及宋史全文卷一六改。

〔八〕虜易以至　「虜」原作「敵」，據宋刊本、明抄本及宋史全文卷一六改。下同。

〔九〕並賞平賊之勞也　「賊」原作「敵」，據宋刊本、明抄本及宋史全文卷一六改。

〔一〇〕能與虜角　原作「好與人敵」，據宋刊本及明抄本改。

〔一一〕今河外皆屬虜人　「虜」原作「北」，據宋刊本、明抄本及宋史全文卷一六改。

〔一二〕胡爲乃爾　「胡」原作「以」，據宋刊本、明抄本及繫年要録卷八改。

〔一三〕臣亦安敢不去　「不」下原衍「必」，據繫年要録卷八删。

〔一四〕則夷狄驕　「夷狄」原作「將士」，據宋刊本、明抄本及宋史全文卷一六改。

〔一五〕是日　案繫年要録卷八繫於本月「己卯」，當是。

〔一六〕而夷狄横矣　「夷狄横」原作「將士驕」，據宋刊本、明抄本及宋史全文卷一六改。

〔一七〕則必主幸襄鄧之策　「必主」原脱，據類編皇朝中興大事記講義卷四罷李綱補。

〔一八〕必從宗澤還京之請　「必」原脱，據類編皇朝中興大事記講義卷四罷李綱補。

〔一九〕則淮陽有警　「淮陽」，類編皇朝中興大事記講義卷四罷李綱作「維揚」。

〔二〇〕斬太學生陳東撫州進士歐陽澈于都市　「澈」原作「徹」，據繫年要録卷八、宋史卷四七三黄潛善傳及皇朝中興紀事本末卷八上改。下同。

〔二一〕特賜主盟　「盟」，繫年要録卷八、魯齋集卷一四及歷代名臣奏議卷一四二均作「張」。

〔二二〕什器輕便　「什」原作「仗」，據繫年要録卷九、宋會要輯稿方域二及三朝北盟會編卷一一三改。

〔二三〕今逆胡尚熾　「逆胡」原作「强梁」，據宋刊本、明抄本及宋史全文卷一六改。

〔二四〕儻胡人乘之而縱横　「胡」原作「敵」，據宋刊本、明抄本及宋史全文卷一六改。

〔二五〕以遺海陬一狂虜　「一狂虜」原作「之人也」，據宋刊本、明抄本及宋史全文卷一六改。

〔二六〕諜報金賊欲犯江浙　「賊」原作「兵」，據宋刊本、明抄本改。

〔二七〕聞虜以廢邦昌爲詞　「虜」原作「敵」，據宋刊本、明抄本及宋史全文卷一六改。

〔二八〕消滅虜寇　原作「早得休暇」，據宋刊本、明抄本及宋史全文卷一六改。

〔二九〕盡平賊壘　「賊」原作「敵」，據宋刊本、明抄本及宋史全文卷一六改。

〔三〇〕盡掃胡塵　原作「灑道清塵」，據宋刊本、明抄本及宋史全文卷一六改。

〔三一〕世將生東頭供奉官令繒　「繒」，繫年要録卷一〇及建炎以來朝野雜記甲集卷一均作「諭」。

〔三二〕十一月戊子　「十一月」原脱，案戊子以下記事原繫於十月，而此月丁巳朔，無戊子以下記事，據繫年要録卷一〇補。

〔三三〕臣恐國家之憂不在金人　「金」原作「敵」，據宋刊本、明抄本及宋史全文卷一六改。

〔三四〕金人陷河間府　「人陷」原作「兵趣」，據宋刊本、明抄本及繫年要録卷一〇改。

〔三五〕故有是旨　「旨」原作「命」，據宋刊本、明抄本、宋史全文卷一六及繫年要録卷一〇改。

〔三六〕賊陳通出不意　「賊」原作「有」，據宋刊本、明抄本及宋史全文卷一六改。

〔三七〕金人犯汜水關　「犯」原作「攻」，據宋刊本、明抄本及宋史全文卷一六改。

〔三八〕乃約諸酋分道入寇　「諸酋」原作「金兵」；「入寇」原作「以入」，據宋刊本、明抄本及宋史全文卷一六改。

〔三九〕京兆府路經略制置使唐重度虜且入　「虜」原作「敵」，據宋刊本、明抄本及宋史全文卷一六改。下同。

〔四〇〕志道在上皇朝弄權怙寵　「怙」原作「估」，據宋史全文卷一六及繫年要録卷一一改。

〔四一〕其惡不在童貫譚稹梁師成之下　「稹」原作「正」，據宋刊本、明抄本及宋史全文卷一六改。

〔四二〕忠厚與焕均以外戚而被超擢　「被」原作「備」，據繫年要録卷一一一改。

〔四三〕今一則易以廉察　「察」原作「車」，據宋刊本、明抄本及繫年要録卷一一一改。

〔四四〕不在夷狄　「夷狄」原作「外邦」，據宋刊本、明抄本及宋史全文卷一六改。

〔四五〕夷狄聞之莫不畏　「夷狄」原作「域外」，據宋刊本、明抄本及宋史全文卷一六改。

〔四六〕凡言動舉措之過差暨軍旅財用之闕失　「暨」原作「概」，據宋刊本、明抄本及宋史全文卷一六改。